Dietrich Biewald

Pioniere

8. Mot.-Schützendivision der NVA im Bild

Eine Sammlung privater Fotos aus dem Besitz ehemaliger Angehöriger der 8. MSD

EDITION digital

Impressum

Dietrich Biewald

Pioniere in der 8. Motorisierten Schützendivision der Nationalen Volksarmee der DDR

ISBN 978–3–95655–613–5 (Buch)
ISBN 978–3–95655–607–4 (E-Book)

Titelbild: Ernst Franta

Stand: Juni 2006
2. Auflage Mai 2024

Satz: MEDIENAGENTUR - Franta, www.medienagentur-franta.de

Druck: Druck: CUSTOM PRINTING, Wał Miedzeszyński 217, 04-987 Warszawa, Polen, www.cp-buchdruck.de

Imprint des Geschichtlichen Büchertisches
Ralf G. Jordan
Bischof-Wedekin-Str. 14
31162 Bad Salzdetfurth
Tel.: 05064-9609641
E-Mail: ralfjordan@geschichtlicher-buechertisch.de
Internet: https://geschichtlicher-buechertisch.de

EDITION digital

Zum Geleit

Diese Bildersammlung mit Ausschnitten aus dem Dienst der Pioniere in der 8. Motorisierten Schützendivision ist zunächst einmal als ein fotografischer Nachweis über den Dienst in den Pioniereinheiten der Division gedacht. Er besteht fast nur aus Amateuraufnahmen, die dankenswerterweise von einer Vielzahl ehemaliger Angehöriger der 8. MSD bereitgestellt werden konnten. Sie soll aber auch als Ergänzung zum Buch über die „Pioniere in der 8. Motorisierten Schützendivision der NVA der DDR" dienen. Insofern sei daher an dieser Stelle darauf verwiesen, dass es sich um keine umfassende Darstellung handeln kann. Insbesondere hinsichtlich einiger Truppenpioniere aber auch über bestimmte Zeiträume hinweg zeigen sich auf diese Weise einige „weiße Flecken". So entstanden zwangsläufig Lücken in der Chronologie, die indes durch die große Zahl der angebotenen Bilder das eine oder andere Mal etwas kompensiert werden können. Diese Hoffnung wird zumindest damit verknüpft. Viele der ehemaligen Pioniere verfügten nur über wenige Fotos aus der Dienstzeit, manche über gar keine. Für den einen oder anderen kann diese Bildersammlung vielleicht nachträglich ein bisher fehlendes Album über die Dienstzeit ersetzen.

Diese Zusammenfassung von fast 1.300 Abbildungen wird darum bewusst sparsam mit Texten unterlegt. Ich wünsche mir, dass all jene, die sich diese Bilder immer wieder einmal betrachten, sich an eigene Erlebnisse aus ihrer Dienstzeit bzw. an die ihrer in den Pioniereinheiten gedienten Angehörigen, Freunde etc. erinnern, an Anstrengungen, an Leistungen die sie bzw. ihre Einheiten vollbrachten, vielleicht an manchen Ärger, den dieser Dienst mit sich brachte, aber auch an Kameradschaft und an freudige Stunden. Alle, auch jene, die nicht in den Pioniereinheiten Dienst versahen, bitte ich beim Betrachten der Fotos zu berücksichtigen, dass es sich vorwiegend um Amateurfotos handelt. Auch sollte man nicht unerwähnt lassen, um welche Zeit es geht und dass all jene, die im Bild zu sehen sind, nicht die großen Befehlsgeber waren, sondern inmitten ihrer Truppenteile und Einheiten Aufgaben zu erfüllen hatten, welche stets unter der Prämisse der Sicherung des Friedens standen. All jene, die ihren Dienst auf dieser Grundlage absolvierten, schauen noch heute zu Recht mit Stolz darauf zurück. Sie haben nicht vergessen, dass auch mit ihrer Hilfe der Kalte Krieg nicht zu einem heißen werden konnte.

Dass diese Bildersammlung überhaupt entstehen konnte, verdanke ich insbesondere den Angehörigen der Pionierkameradschaft Schwerin, allen voran dem Vorsitzenden Jochen Schmidt, der das eine oder andere in Bewegung setzte und manches erst ermöglichte. So kam es, dass viele fleißig in ihren alten Fotoalben wühlten, die Bilder auswählten oder ihre Alben komplett zum Scannen zur Verfügung stellten.

Jedoch auch ehemalige „Nichtpioniere" steuerten einige ihrer alten Fotografien bei. Pioniere agierten ja nicht im luftleeren Raum. Ihre Hauptaufgabe bestand nun einmal in der Pioniersicherstellung der Handlungen der Truppenteile und Einheiten der Division. Viele der vorliegenden Aufnahmen zeigen daher das Zusammenwirken der Pioniere mit den anderen Waffengattungen, Spezialtruppen und Diensten. Darum kann dieser Bildband sicherlich auch einiges an Interesse bei den „Ehemaligen" aus all diesen Bereichen wecken.

Der alte Pioniergruß „Ponton kant - um" ist daher an alle gerichtet.

Pioniere im Führungsorgan des 8. MSD

An der Spitze der Pioniere in der Division stand im Divisionsstab deren Leiter, anfangs als Leiter Pionierdienst und ab Anfang der 70-er Jahre als Leiter Pionierwesen/Leiter der Unterabteilung Pionierwesen benannt.

Der Stab bzw. wie es später offiziell hieß, das Führungsorgan der 8. MSD befand sich von Beginn der Schaffung der Division an in der alten Kaserne, die sich im Bereich der Werderstraße, rechts von der Walter-Rathenau-Straße, links von der Straße „Güstrower Tor" und dahinter von Häusern der Straße „Schwälkenberg" begrenzt, befand. Die einzelnen Gebäude innerhalb der Kaserne stammten aus unterschiedlichen Bauetappen und beherbergten neben dem Divisionsstab die Stabskompanie 8 und das Nachrichtenbataillon 8 sowie in den Anfangsjahren auch weitere Einheiten.

Innerhalb der Kaserne erfolgten immer wieder mal Umzüge von einem Teil in den anderen. So hatten in den 60-er Jahren die Pioniere ihre Dienstzimmer einige Zeit im Hauptgebäude, bis der Umzug in die zweite Etage des dahinter liegenden Winkelbaus erfolgte. Gegen Ende der 70-er/Anfang der 80-er Jahre ging es wieder zurück in das Hauptgebäude.

Schwerin, Werderstraße mit dem Hauptgebäude des Divisionsstabes (links anschließend der Block des NB-8). In der mittleren Etage, 3. und 4. Fenster links vom kleinen Eingang in der Mitte, lag zeitweilig das Dienstzimmer des Leiters Pionierwesen der 8. MSD. Anfangs befand sich rechts auch der Kaserneneingang für Personen, der „Kontrolldurchlasspunkt" (KdL), in der vorhandenen Lücke zum rechts anschließenden (hier nicht sichtbaren) Block des Wehrbezirkskommandos. Damals hielt davor noch die Straßenbahn.

Teil der ehemaligen „Kurt-Bürger-Kaserne". Der Zugang zum Divisionsstab befand sich dann später links unten im einstöckigen Verbindungsblock, vorbei am unmittelbar dahinter befindlichen OvD-Zimmer.

Im Erdgeschoss des Verbindungsblockes führte unten ein Gang nach rechts zu einem zweistöckigen Winkelbau, der sich um 90 Grad verdreht anschloss. Der vor den Blöcken liegende Innenhof änderte im Verlauf sein Aussehen.

Mit der Namensgebung als „Kurt-Bürger-Kaserne" erhielt er eine kleine Gedenkstätte. Die kleine Fläche davor reichte aus als Appellplatz für den Stab der 8. MSD.

Hinter dem Fenster im ersten Stockwerk, zwischen Truppenfahne und Dachrinnenfallrohr zu sehen, befand sich lange Zeit das winzige Dienstzimmer des Leiters Pionierwesen und, von der Truppenfahne verdeckt, das seines Stellvertreters. Der Raum für den Oberoffiziers Pionierversorgung lag auf der gegenüberliegenden Seite im Block.

Walter-Rathenau-Straße: Zwischen dem Gebäude links, mit Küche und Speiseräumen im Erdgeschoss sowie Bekleidungskammer für den Stab und dem größeren Gebäude dahinter, nur zum Teil durch den Divisionsstab genutzt, befand sich später der Kdl für Personen und Fahrzeuge zum Divisionsstab in der „Kurt-Bürger-Kaserne".

Taktische Fahrzeugkennung an der Technik:
Der Divisionsstab nutzte nur Technik des Nachrichtenbataillons 8 (links) und der Stabskompanie 8 (rechts).

NB-8: Links eine ältere Kennung im Divisionsrahmen. Mitte: Im Rahmen des MB-V die Kennung für KFZ, (rechts) die für die Panzertechnik. SK-8: Kennung nur für KFZ. Die Stabskompanie 8 verfügte nicht über gepanzerte Technik.

Zu den ersten Leitern Pionierdienst der 8. MSD gehörten u. a. Oberstleutnant Hans Dohle, über den bisher leider keine Bilder und nähere Angaben vorliegen, Willi Lenz sowie Major Martin Baumgart (rechts).

1. Bild: Oberstleutnant Willi Lenz, Leiter Pionierdienst von 1962 oder 63 bis 07/1965, auf einem Schwimmwagen BAW im Kleinen Jasmunder Bodden (stehend).

2. Bild: Oberstleutnant a. D. Willi Lenz am 11. Juni 2004 beim 7. zentralen Pioniertreffen in Schwerin, vital im Gespräch mit anderen Teilnehmern des Treffens.

Oberstleutnant Gottfried Schulze, Leiter Pionierdienst der 8. MSD von 07/1965 bis 31. 08.1968.

1965/66; Pioniere der 8. MSD:
Sitzend: Major Gerhard Rehfeld, Oberoffizier operative Arbeit beim Leiter Pionierdienst der 8. MSD und Oberstleutnant Gottfried Schulze, Leiter Pionierdienst der 8. MSD.

Stehend: Hauptmann Kurt Pöpplow, Offizier Pionierdienst MSR-28; Hauptmann Gerhard Huscher, StKTA PiB-8; Major Horst Bading, Offz. Pionierdienst PR-8; Hauptmann Dietrich Biewald, Offizier Pionierdienst MSR-29; Major Kurt Stütze, StKA PiB-8.

Rechts: Oberstleutnant Gerhard Rehfeld, Oberoffizier operative Arbeit beim Leiter Pionierdienst der 8. MSD (1. von rechts), mit Adolf Schwaß, StKPA PiB-8 (2. v. r.); Ulli Stroede, K-PiB-8 (3. v. r.) sowie Hubert Wrobel, Offz. Panzertechnik im PiB-8 (4. v. r.) und später als Oberst, StKTA der 8. MSD.

Oberstleutnant Kurt Lemke wird nach erfolgreicher Absolvierung des Tiefbaustudiums an der Ing.-Schule für Energiewirtschaft „Dr. Robert Mayer" Zittau, als Leiter Pionierdienst gemeinsam mit Major Dietrich Biewald als sein Oberoffizier Operative Arbeit zur 8. MSD versetzt. Oberstleutnant Lemke wirkte als Leiter Pionierdienst/Leiter der Unterabteilung Pionierwesen der 8. MSD von 01.09.1968 bis 31.10.1978. Danach bekleidete er die Funktion des Leiters Pionierwesen im Wehrbezirkskommando Schwerin.

Bild rechts, mit der Urkunde als Bauingenieur in der Hand: Erster von links: Oberstleutnant Kurt Lemke. Dritter von rechts: Major Dietrich Biewald, Oberoffizier operative Arbeit in der UA Pi-Wesen von 01.09. 1968 bis 31.10. 1978.

Die Ausbildungsgruppe des Leiters Pi-Wesen zu Gast im Pionierbataillon 8.
Von links: Major Klaube, OO PiW MSR- 27; Osl. Biewald, OO op. Arb. der UA Pi-Wesen 8. MSD; Major Elsner, OO PiW FRR-8; Osl. Pöpplow, Kdr.-PiB-8; Hptm. Taube, OO PiW PR-8; Major Fedrau, OO PiW MSR-28; Major Stütze, OO PiW MSR-29; StFw. Mädlin und Hptm. Ullrich vom PiB-8.

Oberstltеutnant Kurt Lemke, Leiter Pionierwesen der 8. MSD (jeweils 3. von links) bei der Organisation der Pioniersicherstellung des Seelandetrainings von Landungsschiffen der Volksmarine mit Hilfe der Übersetzeinheiten des Pionierbataillons 8.

Vor dem Kettenschwimmwagen PTS-M:
Oberstleutnant Kurt Lemke, Leiter Pionierwesen der 8. MSD (2. von rechts;) bei der Organisation der Pioniersicherstellung des Seelandetrainings von Landungsschiffen der Volksmarine mit Hilfe der Übersetzeinheiten des PiB-8.

Mit dabei:
Major Arno Treppner, Stellvertreter des Kommandeurs für Ausbildung des Pionierbataillons 8 (2. von links) und Hptm. Peter Kassner, Offizier Panzertechnik des Pionierbataillons 8 (4. von links).

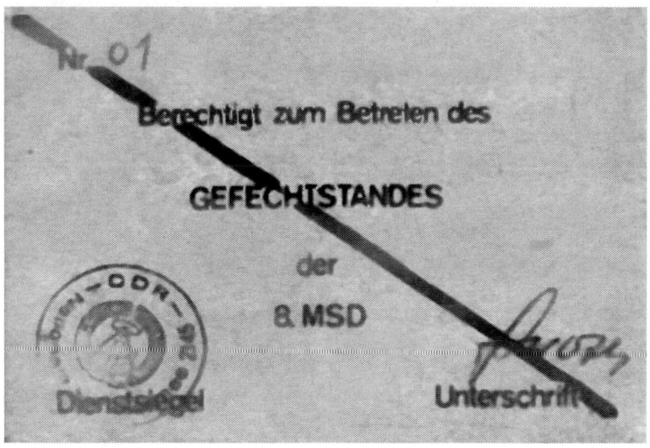

Nr. 01

Berechtigt zum Betreten des

GEFECHTSTANDES

der

8. MSD

Dienstsiegel Unterschrift

Li.: Oberstleutnant Hans-Jürgen Stroht mit Oberstleutnant Detlef Koch.

Als Major bekleidete H-J. Stroht viele Jahre die Funktion des Offiziers Pionierversorgung in der Unterabteilung Pionierwesen, die er dann vor Übernahme der Funktion als Stabskommandant an Hauptmann Jochen Schmidt (rechts) übergab.

Als Stabskommandant war Oberstleutnant Stroht dann u. a. für die Sicherheit des Stabes in der Feldführung verantwortlich.

Im Verlauf des Jahres gab es immer wiederkehrend wochenlange Ausbildungsmaßnahmen unter der Führung einer Operativen Gruppe der Division. Meist leitete sie der Stellvertreter für Ausbildung, beispielsweise bei der Komplexausbildung von MSB/PB auf dem TÜP Klietz oder der Stellvertreter für Technik und Ausrüstung bei der Unterwasserfahrausbildung der Panzer (UF) bei Kehnert an der Elbe. Ein Offizier der Unterabteilung Pionierwesen gehörte stets dazu, zumal Pionierkräfte und –mittel ebenfalls eingesetzt wurden.

Oben: Bei einer Einweisung im Stab der 8. MSD. Am Tisch vorn rechts: Osl. Jochen Schmidt, Oberoffizier Operative Arbeit der UA Pionierwesen.

Unten: Eine Operative Gruppe für die UF: u. a. vier Offz. der UA Panzertechnik der Division. 2. v. r. Pi-Offz Major Strutz.

Falls die Kräfte und Mittel der Divisionspioniere für besondere Aufgaben der Pioniersicherstellung nicht ausreichten, unterstützte der Chef Pionierwesen des MB-V mit seinen Mitteln, so vor allem beim Übersetzen über die Elbe. Für den Leiter Pionierwesen der Division blieb dann, dies in seinen Plan der Pioniersicherstellung einzuordnen. Die wohl größte Unterstützung erhielt die Division bei der Truppenübung „Sojus 81".

Während der Übung führte die Elbe extremes Hochwasser. Fast wie ein kleiner Meeresarm wälzte sich der Fluss außerhalb seines üblichen Bettes durch die trübe Landschaft und bescherte den Pionieren eine besondere Bewährungsprobe. Um die Elbe dennoch überwinden zu können, zog der Chef Pionierwesen mehrere Pontontruppenteile und -einheiten zusammen. Das Pontonregiment 5, verstärkt durch ein Pontonbataillon des PoR-3 sowie die PoK des PiB-1 und PiB-9, bauten über die 870 m breite Elbe eine Pontonbrücke und das bei einer Stromgeschwindigkeit von über 2 m/Sekunde.
Die 8. MSD konnte übersetzen!

Die Brücke wird eingeschwommen.

Dritter von rechts: Der Kompaniechef der Pontonkompanie des PiB-1, Eduard Weber, später StKSC und letzter Kommandeur des PiB-8

Die Brücke steht!

Das Übersetzen kann beginnen.

Stromanker und gegen den Strom drückende Bugsieboote können nicht verhindern, dass die Brücke infolge der Stromgeschwindigkeit „durchhängt“.

Vom 01.11.1978 bis zum 28.02.1986 übernahm Oberstleutnant Dietrich Biewald die Dienststellung des Leiters der Unterabteilung Pionierwesen der 8. MSD.

Das Dienstzimmer des Leiters Pionierwesen im Jahr 1985, mit seiner recht spartanischen Einrichtung: Schreibtisch, Konferenztisch, zwei Schränke, Telefon, Wechselsprechanlage und ein Radio.

Im gesamten Zeitraum standen ihm als zuverlässige Mitarbeiter zur Seite: Oberstleutnant Jochen Schmidt und für ein Jahr Rainer Schmidt als Oberoffizier Operative Arbeit (J. Schmidt links), Oberstleutnant Heiko Normann, Oberoffzier Pionierversorgung (rechts) sowie in wechselnden Zeiträumen ein Pionierschirrunteroffizier, im Bild Uffz. Kruspe.

Zum Ende des Ausbildungsjahres 1984/85 erfuhr dieses Kollektiv der Unterabteilung Pionierwesen eine besondere Würdigung: die Auszeichnung als „Vorbildlicher Arbeitsbereich" des Führungsorgans der 8. MSD."

Aus diesem Anlass gab es einen Fototermin für die UA Pionierwesen vor dem **Kurt-Bürger-Denkmal.**

Manöverpause für den „Bus 6", mit den Unterabteilungen Pionierwesen und Chemische Dienste beim Manöver Waffenbrüderschaft 80. Gewöhnlich gab es bei Ausbildung und Übungen keine Fotos. Hier wurden sie mal angewiesen.

Die Aufstellung der Busbesatzung zum Fotografieren. Von links: Hauptmann Töpsch, Akademiepraktikant; Unteroffizier Ackermann, Schirr-Uffz. der UA Pi-Wesen; Oberstltn. Biewald, LPiW; Oberstltn. Mann, LChD; Major Gaßmann, Oberoffizier Materielle Sst. ChD; Uffz. Peters, Schirr-Uffz. UA Chem. Dienste.

Erinnerungsfoto nach einer Veranstaltung mit Offizieren, Fähnrichen und Zivilangestellten der 8. MSD

Beim Besuch in der 1. MSD, aus Anlass des 50. Geburtstages von Heinz Bohlig, LPiW der 1. MSD (Mitte unten). Vorn links: Oberstleutnant Biewald, LPiW 8. MSD; Oberstleutnant Schiller, K-PiB-1; Oberstleutnant Bohlig; Oberst Friedel, Chef Pi-Wesen MB-V; Oberstleutnant Börner, OO aus der Abtlg. Pi-Wesen des MB-V.

Im Kreis anderer Leiter des Führungsorgans beim Waffenbrüderschaftstreffen mit Leitern der 94. GMSD.
V. r.: 2.: Ltr. UA Aufklärung, Osl. Winterfeld; 3.: LChD, Osl. Mann; 4: LPiW, Osl. Biewald; 5. LUA PzD, Osl. Franke.

Von links: 1.: Osl. Karsten, Ltr. der UA Operativ; 2.: Oberst Berger, Chef Truppenluftabwehr. 4.: Osl. H.-J. Stroht, Stabs-Kdt. und voriger Offizier Pionierversorgung der UA Pionierwesen. 5.: Osl. Baldauf, Ltr. Finanzökonomie.

Der Kommandeur 8. MSD, Oberst Bethmann (Mitte), mit seinen Stellv. und den Chefs und Leitern des Führungsorgans der 8. MSD. Neben dem K-MSD: der Vertreter des Oberkommandos, Generalmajor Lejfura.

Auszeichnung vorbildlicher Arbeitsbereiche:
Org/Auffüllung, Pionierwesen sowie Raketen-und Waffentechnischer Dienst, vertreten durch ihre Leiter, nahm der Stabschef der 8. MSD, Oberst Manfred Jonischkies, vor.

Die Würdigung dieser Leistungen erfolgte nicht wie sonst üblich, bei einem Appell des Divisionsstabes oder in einer der monatlichen Dienstversammlungen, sondern auf dem Stabsabend zum Abschluss des Ausbildungsjahres 1984/85. Dass dies im Beisein der Ehefrauen, Freundinnen etc. geschah, gab für die auf diese Weise geehrten natürlich einen doppelten Anlass zum Feiern. Auf dem Stabsabend zum Abschluss des Ausbildungsjahres 1984/85 ließen sich daher die Angehörigen der Unterabteilung Pi-Wesen (rechts) gern ein Glas einschenken, um auf die Auszeichnung anzustoßen. Immerhin gehörte dazu auch eine Geldprämie.

Osl. Jochen Schmidt bei der Gratulation zum 50. Geburtstag von Osl. Arthur Tuchardt.

Linkes Bild: ganz rechts: Stfw. W. Hoffmann, Pi-Schirrmeister AB-8 bei einer Ehrung im Stab 8. MSD. Rechtes Bild: 2. v.l. Oberst H. Wrobel, StKTA 8. MSD; einst Offz. Pz. Technik im PiB-8.

25. Januar 1985:
Der 50. Geburtstag von Oberstleutnant Biewald darf gefeiert werden. Die Geburtstagsfeier im Gästehaus Wagnerstraße steht bevor. Begleiter sind u. a. die Angehörigen der Unterabteilung Pionierwesen: Unteroffizier Kruspe und Major Normann.

Erster Gratulant ist der Chef Pionierwesen des Kommandos des Militärbezirkes V, Oberst Friedel.

Mit dem Eintreffen des Kommandeurs der 8. MSD, Generalmajor Unterdörfel, dem unmittelbaren Vorgesetzten des Leiters Pionierwesen, kann die Feierlichkeit beginnen

Von links: Hauptmann Rüdiger Dohse, Kompaniechef der Pionierkompanie des MSR-27, Oberstleutnant Rudi Hinz aus dem Führungsorgan der 8. MSD; Oberstleutnant Biewald und Generalmajor Hans Unterdörfel.

Von links: Hptm. D. Kleinfeld, OO Pi-Wesen MSR-27; Hptm. R. Dohse, Kompaniechef Pi-Kompanie MSR-27; Oberstleutnant Rudi Hinz, Generalmajor Hans Unterdörfel u. Oberstleutnant Roland Claus.

Osl. J. Hamann, Osl. J. Schmidt, Oberst Kl. Hoffmann, Osl. W. Beckmann.

Oberstleutnant J. Schmidt; Oberst Kl. Hoffmann; W. Beckmann; Major E. Weber; Major F. Hopusch; Hptm. D. Kleinfeld

Der Leiter Pionierwesen der 8. MSD mit der Führung des Pionierbataillons 8. Von links: Major Fritz Hopusch, StKTA des PiB-8; Oberstleutnant Wolfgang Beckmann, Kommandeur des PiB-8 und Major Eduard Weber, StKSC PiB-8.

Ein Abschlussfoto neben Geburtstagspräsenten

Divisionsmeisterschaft im Schießen mit Dienstwaffen am 18. 09. 1985 in Hagenow. Pioniere können mithalten!

Konzentration vor dem Wettkampf

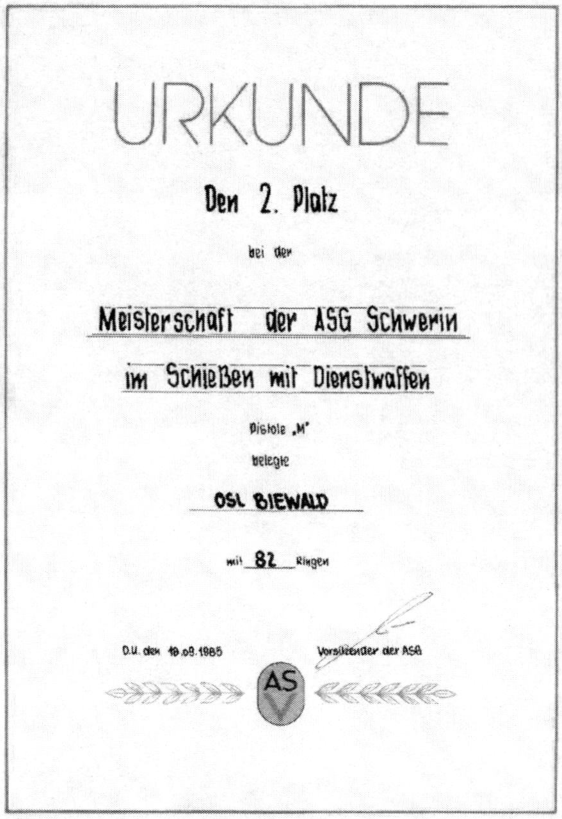

URKUNDE

Den 2. Platz

bei der

Meisterschaft der ASG Schwerin

im Schießen mit Dienstwaffen

Pistole „M"

belegte

OSL BIEWALD

mit 82 Ringen

O.U. den 19.09.1985

Vorsitzender der ASG

AS

Das Ergebnis!

Die Auszeichnung der drei Erstplatzierten im Pistolenschießen

Siegerehrung!

Der zweite Platz und die Silbermedaille im Pistolenschießen für den Leiter Pionierwesen, Oberstleutnant Biewald.

28.02.1986:
Ende der Dienstzeit von Oberstleutnant Biewald, mit einer Feier im Gästehaus Wagnerstraße. Die Verabschiedung erfolgte durch den Kommandeur der 8. MSD, Generalmajor Hans Unterdörfel.

Mit dabei:
Generalmajor Zapkow, Vertreter des Oberkommandos; Angehörige der Unterabteilung Pionierwesen, Offiziere des Divisionsstabes, Offiziere des PiB-8 sowie Pionieroffiziere aus Truppenteilen der Division.

Oberstltn. Beckmann, neuer Leiter Pionierwesen, Oberstltn. Biewald, bisheriger Leiter Pionierwesen und Oberstleutnant Güther, Leiter der Unterabteilung Operativ des Führungsorgans der 8. MSD.

Major Bernd Neumann, StKPA PiB-8 und
Obersltn. Jürgen Hamann, LUA Kader der 8. MSD

Obersltn. Jochen Schmidt, OO Op Arbeit der UA Pi-Wesen
und Obersltn. Detlef Koch

Unteroffizier Kruspe, Schirrunteroffizier der Unterabteilung Pionierwesen der 8. MSD

Oberstltn. Güther, Leiter der Unterabteilung Operativ des Führungsorgans der 8. MSD

Kommandeur der 8. MSD, Generalmajor Hans Unterdörfel; Generalmajor Zapkow, Vertreter des Oberkommandos und Oberstleutnant Beckmann, neuer Leiter Pionierwesen der 8. MSD.

Major Pilz, OO Pi-Wesen des MSR-29, Oberstleutnant Mann, Leiter der UA Chemische Dienste und Oberstleutnant Jürgen Hamann, Leiter der UA Kader der 8. MSD

Oberstltn. Heiko Normann, OO Pioniertechnische Sicherstellung der UA Pi-Wesen, Major Bernd Neumann, StKPA und Major Eduard Weber, Kommandeur PiB-8. Irgendwann neigt sich jede Feier dem Ende zu!

Ein Bild zum Abschied für Oberstleutnant Biewald

Verabschiedung beim Chef Pionierwesen des Militärbezirkes V, in Anwesenheit der Leiter Pionierwesen der Verbände und Lehreinrichtungen sowie der Kommandeure der dem Chef Pionierwesen direkt unterstellten Truppenteile, Einheiten und Einrichtungen.

Nationale
Volksarmee

1956-1986

Verband Unterdörfel

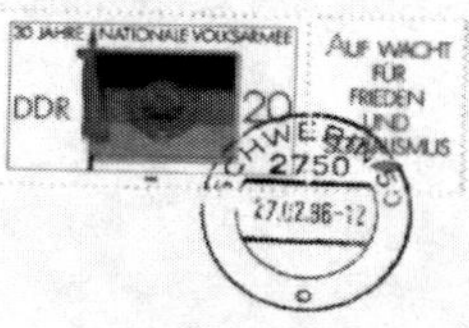

Zur Erinnerung
an den
SOLDATENBALL
anläßlich
des 30. Jahrestages
der
Nationalen Volksarmee

Schwerin, den 1. März 1986

Hoffmann
Oberst
Stellvertreter des Kommandeurs
und Leiter der Politabteilung

Unterdörfel
Generalmajor
Kommandeur

Am Tag nach der Versetzung in die Reserve: Einladung zur Teilnahme am Soldatenball in der Halle am Fernsehturm

Halle am Fernsehturm
— Ball der Besten —
27.02.1986

Bar-und Getränkekarte

30 Jahre NVA
1956 – 1986

Barkarte

	2 cl	4 cl
Kakao-Orange-Likör	-,50 M	1,-- M
Kaffee-Likör	-,45 M	-,90 M
Kroatzbeer-Likör	-,48 M	-,96 M
Kirsch-Likör	-,43 M	-,86 M
Kognak	-,65 M	1,30 M
Nordhäuser Korn	-,50 M	1,-- M
1 Glas Sekt	2,80 M	
1 Glas Sekt m. Ananas	2,90 M	
1 Glas Juice	-,80 M	
Juice mit Wodka	2,15 M	
Valentino	1,50 M	
Tonic	-,80 M	

Getränke

Kognak	22,-- M
Nordhäuser Korn	17,60 M
Sekt	14,-- M
Kroatzbeere	16,50 M
Kirsch-Likör	15,-- M
Kaffee-Likör	15,50 M
Kakao-Orange	17,-- M
Tonic	-,80 M
Juice	3,15 M
alkoholfreie Getränke	

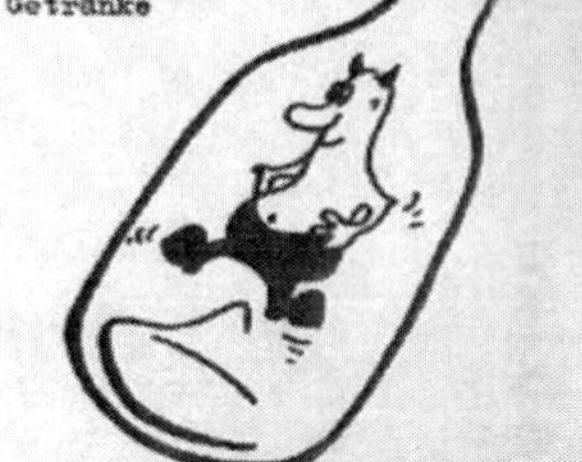

Für den Schutz des Friedens und des Sozialismus

SOLDATENWORT

Politabteilung Verband Unterdörfel

Sonderblatt

Ball-Revue

zum 30. Jahrestag der NVA

NVA 30

Liebe Ballgäste!

Wir danken Ihnen, daß Sie mit der Lektüre dieser Zeitung gerade hier begonnen haben. Es war ein guter Entschluß, endlich einmal da anzufangen, wo die Redaktion von „Soldatenwort“ es gern möchte. Als kleine Anerkennung verraten wir Ihnen nun, was Sie heute Abend noch wissen müssen oder wissen sollten (auch, wenn Sie hinten angefangen haben).

Es sind viele angetreten, um Ihnen, den Besten der Truppenteile und Einheiten unseres Verbandes, den Ehrengästen, die 30 Jahre und mehr, aktiv für den Schutz des Sozialismus und des Friedens ihren Dienst tun, den ehemaligen Kommandeuren, Politarbeitern und unseren Partnern von den Partei- und Staatsorganen der Bezirke Schwerin und Rostock, **DANK ZU SAGEN.**

Mitwirkende mit Wirkung

beim Ball und wo man sonst noch am Ball ist

Im Ballsaal der Halle am Fernsehturm erwarten Sie nicht nur Leute aus der Berufsgruppe der Unterhaltungskünstler.
In den bunten Reigen der Mitwirkenden des heutigen Abends reihen sich ein:

Orchester der NVA Schwerin
Schwerin-Formation
Gruppe Exzentro
Fred Gigo – Conferencier
Tanja – Gesang
Duo SiS – Gesangsduo
Gabi Rades – Gesang
Kerstin Wiechs – Gesang
Gunnar Günter – Gesang
Revue-Ballett Jan Schlüssler, CSSR
Kinderchor, Th.-Körner-Ensemble

Sie gehören zu den Initiatoren des Sozialistischen Wettbewerbs in den Landstreitkräften im Parteitagsjahr.

Auf die Bahrs ist Verlaß

Mit Spitzenleistungen bewiesen die Soldaten und Unteroffiziere des mot. Schützenzuges des Leutnant Wojak aus der Kompanie Bahr, daß sie den Worten Taten folgen lassen. Als beste Einheit während der Truppenübung erfüllten sie ihre Verpflichtungen mit ausgezeichneten Ergebnissen. Die an sie gestellten Aufgaben verlangten alles von ihnen ab. Unter komplizierten Bedingungen trugen sie die Hauptlast des Gefechts. Das Kollektiv rückte dabei weiter zusammen. Der Kompaniechef, Genosse Oberleutnant Bahr, war voll des Lobes. Vor allem meinte er, daß sich der Weg von kollektiver Beratung und konkreter Befehlserteilung als richtig erwiesen hat. Mit der Kraft der Parteigruppe das Schöpfertum der Menschen in Kampfkraft und Gefechtsbereitschaft umzusetzen, bei konsequenter Durchsetzung der Einzelleitung, war auch im Zug des Ltn. Wojak die Ursache des Erfolges.

Übrigens gilt auch heute abend die beste Form als verpflichtende Norm

SPITZENREITER des Programms

Tanja – Gesang

Das Revue-Ballett Jan Schüssler, CSSR

Gruppe „Exzentra"

Fred Gigo Conferencier

Los Jungs! Jetzt aber nichts wie hin zum Soldatenball!

ANEKDOTISCHES

Militärische Kürze

„Berichten Sie kurz, wie es dazu kam!" befahl mir der Hauptfeldwebel, als ich Meldung erstattete und mich bei ihm über den Gefreiten Gondafi beschweren wollte.

„Der Gefreite Gondafi ..."

„Kommen Sie gleich zur Sache, und berichten Sie nur die Fakten!"

„Jawohl, Genosse Hauptfeldwebel! Ich werde mich bemühen, so kurz wie möglich ..."

„Zum Thema! Ich habe keine Zeit, mir lange Geschichten anzuhören."

„Ich fasse mich noch kürzer, Genosse Hauptfeldwebel. Gondafi ..."

„Mann! Verstehen Sie nicht? Ich sagte nur die Fakten! Was hat er getan? Warum? Wie? Wann? Wo?"

„Aber wenn Sie mich ständig unterbre ..."

„Ich muß Sie unterbrechen, weil Sie die Geschichte so in die Länge ziehen und wir zu keinem Ende kommen."

„Der Gefreite Gondafi ..."

„Das sagten Sie schon. Beschränken Sie sich auf das Wesentliche!"

„Aber ich ..."

„Sie wiederholen sich. Zur Sache, wenn ich bitten darf!"

„Das will ich doch, Genosse Hauptfeldwebel. Gondafi ..."

„Zum letztenmal! Ich bin bereit mir Ihre Beschwerde anzuhören. Wenn Sie sich aber ständig wiederholen und mir lange Geschichten erzählen, dann ist meine Geduld zu Ende. Was ist also geschehen? Warum, wie, wann und wo kam es dazu?"

„Er kam ..."

„Wer kam?"

„Der Gefreite Gondafi."

„Warum sagen Sie das nicht gleich?"

„Ich wollte doch nur ..."

„Also bitte weiter, sonst verlieren wir noch mehr Zeit!"

„Gondafi kam, blickte mich herausfordernd an, rief mir etwas zu und lachte. Ich drohte ihm und fragte ..."

„Noch kürzer!"

„Go ka bli mi he an, rie mi et zu un la. Ich dro ih un fra, er sa, du ka mi ma!"

„War das alles?"

„Jawohl, Genosse Hauptfeldwebel!"

„Gut, ich werde es prüfen. Kommen Sie Ende der Woche zur Auswertung!"

SPITZENREITER in den Truppenteilen

Stabsfeldwebel Brüggmann

Als Panzertechniker einer MSK im Truppenteil „Wilhelm Florin" bin ich in erster Linie für die ständige Einsatzbereitschaft unserer Kampftechnik und für die umfassende Qualifizierung der SPW-Fahrer verantwortlich.
Dabei gehe ich davon aus, daß mit dem neu eingeführten SPW-70 sich nicht automatisch die Kampfkraft und Gefechtsbereitschaft erhöht. Jeden SPW-Fahrer zu befähigen, die Leistungsparameter optimal auszunutzen und seinen SPW auf dem Gefechtsfeld taktisch richtig zu fahren, betrachte ich als meinen Beitrag. In diesem Prozeß hat sich besonders die ständige persönliche Anleitung und auch der Erfahrungsaustausch bewährt.

So habe ich in meiner Arbeit erreicht, daß die Armeeangehörigen beim Fahren der 6. Fahrübung/Tag und bei der Überprüfung in der Einzelausbildung gute und sehr gute Ergebnisse erreichten.

Mit Freunden zu Spitzenleistungen

Schon des öfteren weilte unsere Pateneinheit zu Vergleichswettkämpfen in unserem Regiment.
Nachdem wir uns alle herzlich begrüßt hatten, wurde die gemeinsame Ausbildung eröffnet.
Ein Pfiff ertönte und die Stunde der Bewährung war gekommen. Jeder gab sein bestes und so stand uns bereits nach wenigen Minuten der Schweiß auf der Stirn.
Noch zwei Heringe – das Zelt steht, jetzt heißt es die Innenausrüstung anbringen.
Doch auch die sowjetischen Freunde waren nicht untätig. Im Gegenteil. Wir wollten gerade das letzte Gerät in Betrieb nehmen, als uns auf einmal ein Jubelschrei aus allen Siegesträumen riß. Wir hatten, wenn auch knapp, verloren, doch unsere Zeit konnte sich trotz dieser Niederlage sehen lassen. Wir hatten die Norm für die Note sehr gut weit unterboten.
Der Nachmittag brachte dann ein Meeting der Waffenbrüderschaft mit Tee aus dem Samowar.

Ein junger Offizier setzt Maßstäbe

Vier Monate vor der Truppenübung „Buchdruck 86" erhielt Leutnant Holger Gerlach das Vertrauen, eine Batterie als „Chef" zu führen. Der Parteiauftrag für ihn lautete, mit der Batterie in der Parteitagsinitiative sehr gute Ergebnisse zu erreichen, alles daranzusetzen, schon mit den Soldaten des ersten Diensthalbjahres Spitzenleistungen zu erkämpfen. Kein leichter Auftrag, aber nötig, wenn der Frieden und der Sozialismus sicher gegen den Konfrontationskurs des Imperialismus geschützt werden sollen. Gemeinsam mit den anderen Batterien bereitete Leutnant Gerlach seine Einheit intensiv, im wahrsten Sinne des Wortes, in der Gefechtsausbildung vor.
Geschenkt wurde vom Batteriechef keinem etwas. Es ging um „Höchstform". Die Ergebnisse beweisen, er hatte richtig gehandelt. Die Einheit Weisheitel erreichte bei ihrer taktischen Übung mit Gefechtsschießen die Einschätzung „sehr gut", daran hatte Ltn. Gerlach mit seinen Artilleristen hohen Anteil.

Rätselhaftes um Stargäste

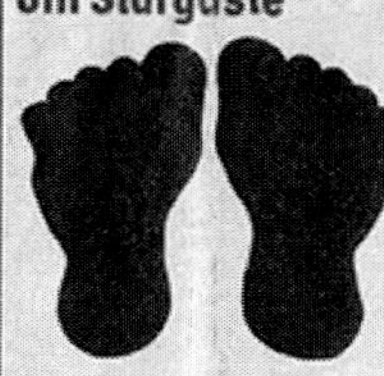

Wie „SOLDATENWORT" aus zuverlässiger Quelle erfuhr, erwarten wir am heutigen Abend zwei geheimnisvolle Stargäste.

„SOLDATENWORT" sparte Mühe und Kosten und hat dennoch zwei wichtige Anhaltspunkte herausgefunden, die zur Identifizierung beider Personen führen könnten.

Hier die Hinweise: Sie leben auf großen Füßen und kommen aus dem Norden.

Beim Waffenreinigen fragte der Unteroffizier einen jungen Soldaten: „Worauf ist beim Waffenreinigen besonders zu achten?"

Prompt die Antwort: „Auf die Nummer der Waffe!"

„Auf die Nummer?"

„Jawohl, Genosse Unteroffizier, auf die Nummer, damit man keine fremde Waffe reinigt!"

*

Nach einem gemeinsamen Manöver mit den sowjetischen Streitkräften wurden die Genossen der zurückkehrenden Einheit immer wieder gefragt: „Seid ihr mit euren Sprachkenntnissen in der Sowjetunion zurechtgekommen?"

„Wir nicht" meinten die Genossen, „aber die sowjetischen Freunde!"

Eine Mot.-Schützengruppe wird 30

Die Eins ist ihr Symbol. Sie zeigt nicht nur die Nummer ihrer Gruppe an, sie kennzeichnet auch ihren Platz im Wettbewerb und ihre Zielnoten in den Hauptausbildungsfächern. Die SPW-Besatzung um den Unteroffizier Harald Matho will mehr als Durchschnitt, sie will den Bestentitel mit Bestwerten. Zu Beginn des Ausbildungshalbjahres setzte man sich zusammen, um neue Ziele anzupacken. Vater des Vorhabens ist der Gruppenführer. Der Beste, den wir überhaupt finden konnten, spendiert Soldat Klinger, Stimmungskanone der Gruppe, Pauschallob.

Uffz. Matho kann sich voll auf seine Gruppe verlassen. Er versteht es immer wieder, sie zu Höchstleistungen zu motivieren. Wie ihr Beispiel wirkt, zeigt der Dezember, denn erstmals stand hinter der Einheit Borck ebenfalls eine Eins im Wettbewerb des Truppenteils – Ehrensache und Verpflichtung. Schließlich wird man nur einmal 30.

IM ZEICHEN DES XI. PARTEITAGES

Wie sich unsere Garnisionsstadt verändert!

Wer aus früherer Zeit die Stadt Goldberg in Erinnerung hat, sah sich immer mit der etwas ironisch und abfällig gemeinten Bemerkung konfrontiert: „Goldberg ist die Stadt der drei Lügen – kein Gold, kein Berg und keine Stadt."

Diese etwas hämische Auslegung des Stadtnamens mag bis 1945 Berechtigung gehabt haben. Unter Führung der SED gelang es in relativ kurzer Zeit, aus einem verträumten, typisch mecklenburgischen Ackerbürgerstädtchen eine sozialistische Kleinstadt zu entwickeln, deren Antlitz geprägt wird durch das Ergebnis vielseitiger Initiativen der Einwohner und der Angehörigen der NVA. Bis 1990 entsteht ein weiteres Neubauviertel mit Kaufhalle, Kinderkombination und Gaststätte.
Bis 1987 wird das Freizeitzentrum ausgebaut und fertiggestellt. Dann werden Besucher und Einwohner eine Freilichtbühne mit 400 Besucherplätzen, einen befestigten Schaustellerplatz, eine Parkfläche mit Sitzgelegenheiten sowie eine Rodelbahn für die Jüngsten vorfinden.
Die Garnisonstadt Goldberg hat sich gemausert. Ein Besuch zwischen der Mildenitz und dem Dobbertiner See lohnt sich.

Übrigens, beim Tango darf's auch ein Schritt zurück sein, sonst nicht

Erstes Bild: Oberstleutnant Wolfgang Beckmann (links), nun neuer Leiter Pionierwesen ab 01. 03. 1986 (bis 88), bei der Verabschiedung seines Vorgängers, Oberstleutnant Biewald.

Zweites Bild: Major Norbert Richter (rechts), letzter Leiter Pionierwesen der 8. MSD von 1988 bis1990, hier in der B-Stelle des Divisionskommandeurs, gemeinsam mit dem Leiter Chemische Dienste der Division, Oberstleutnant Wolfgang Mann.

Rechts: Hauptmann Stefan Fritsche, er übernimmt von Oberstleutnant Heiko Normann die Funktion und wird letzter Oberoffizier materiell-technische Sicherstellung in der Unterabteilung Pionierwesen

Major Norbert Richter (dritter von rechts), letzter Leiter Pionierwesen der 8. MSD und Oberstleutnant Eduard Weber (fünfter von rechts), letzter Kommandeur des Pionierbataillons 8, bei einer Veranstaltung des im Rahmen der Waffenbrüderschaft eng verbundenen Gardepionierbataillons mit Standort in Schwerin.

Oberstleutnant Jochen Schmidt, viele Jahre als Offizier Pionierversorgung und als Oberoffizier Operative Arbeit in der Unterabteilung Pionierwesen der 8. MSD tätig, übergibt seine Arbeit an Major Harald Winkelmann, verlässt in den 80-er Jahren die 8. Mot.-Schützendivision und übernimmt von Oberstleutnant Kurt Lemke die Funktion des Leiters Pionierwesen im Wehrbezirkskommando Schwerin.

Beim jährlichen Pressefest der Schweriner Volkszeitung

Auch bei solchen Maßnahmen hatten die Pioniere präsent zu sein. Im Rahmen der Technikschau zeigten die Pioniere Teile ihrer imposanten Großtechnik, teils verbunden mit Vorführungen. So gab es schon mal „Verkostungen" an der Wasserfilterstation 3, die das Rohwasser direkt vom Schweriner See bezog.

Für die Abgrenzung von einzelnen Arealen bis hin zur „Dekoration" der Freitanzfläche oder von Gastbereichen durften Tarnnetze, eigentlich zweckentfremdet, nicht fehlen.

Auch als die Fernaufklärer des AB-8 ihre Künste zeigten, stellten S-Rollen der Pioniere dafür auch einen unverzichtbaren materiellen Anteil dar.

Pionierbataillon 8

- während der Zeit in Prora

Der Vorläufer des Pionierbataillons 8, die D2-Abteilung, bezog mit dem Eintreffen auf Rügen im Oktober 1952 zunächst ein Zeltlager westlich der Bahnstrecke Lietzow-Binz, dem Gelände ihres späteren Feldparks. Im Winter 1952/53 erfolgte die Unterbringung im nur als Rohbau existierenden Trakt des Blockes III an der nördlichen Flanke des Komplexes Prora. Die bis dahin noch leeren Fenster- und Türöffnungen „verschloss" man notdürftig mit Schlafdecken. Der Block III war zwar damals in den 50-er Jahren bereits als Rohbau ausgemauert, aber nicht komplett mit Fenster und Türen versehen. In die Querbauten mit den Treppenaufgängen kamen Waschräume und WC.

Oben: Das nördliche Ende vom Block III, Mitte der 90-er Jahre. Wie man erkennen kann, nur bis zum vorletzten Querbau mit Außenputz versehen. Also: Ein Stahlbetonskelettbau, mit Ziegelausmauerung, wie man an den Resten vom Block II sehen kann. Im Hintergrund: Teile des Daches vom Block II mit einem verbreitertem Teil, die jeder Großblock je zwei Mal zwischen zwei Querblöcken besaß.

Übrigens: Der gesprengte Querblock ist kein Zeichen, dass angeblich auch Sprengstoff den „Betonklötzen" nichts anhaben konnte. Sie sprengte man mit minimalen Einsatz von Sprengmitteln, um die Ziegel als Schotter für den Ausbau von Schussbahnen der Panzer im weichen Gelände der Halbinsel Thiessow zu verwenden. Alles andere sind Märchen selbst ernannter „Fachleute"!

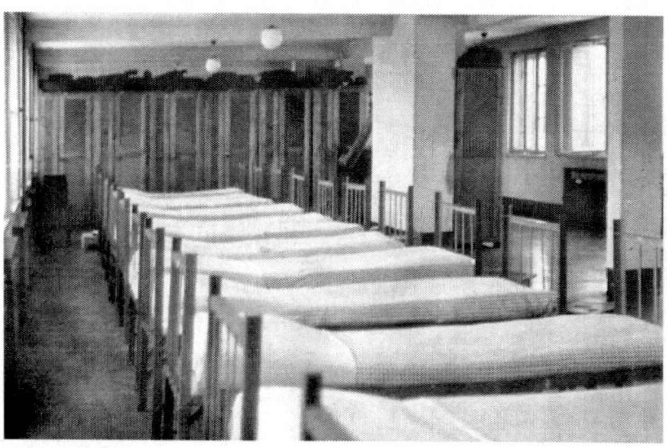

So sahen Schlafsäle in den Etagen aus. Die Betten mussten der Kontrolle durch die Diensthabenden standhalten.

Im Jahr 1954 bezog die „D2-Abteilung" diese Flachbauten in der Mittelstraße von Prora. Dort verblieb die D2-Abtlg/das PiB-8 bis zum September 1956.

Nach dem Auszug des PiB-8 gestaltete man die Häuser um. Es entstanden darin dringend benötigte Wohnungen. So zeigten sie sich am 24.09.2006.

Als Pionierbataillon 8 (PiB-8), Dienststelle Prora, Postschließfach 4957, gehörte das Bataillon seit dem 06. 07. 1956, laut Ministerbefehl 42/56 über die Aufstellung der 8. MSD, zu dieser Division. An diesem Tag erfolgte die Vereidigung des Pionierbataillons 8 durch Generalmajor Meyer. Ab September 1956 bis November 1964 bezog das PiB-8 eine neue Unterkunft im Block III von Prora.

Bild aus den 90-er Jahren: Der damalige Block III an der nördlichen Flanke des Komplexes Prora, 1956 noch unverputzt.

Am 24. 09. 2006: Blick vom Block IV zum Block III.

Mitte: An der Tür, Oltn. Röpert, zeitweilig Kommandeur des PiB-8 in Prora. Einige der abgebildeten hielten dem PiB-8 auf lange Zeit die Treue, wurden Berufsunteroffizier wie Günter Mädlin (Bilder unten) und bzw. später auch Offizier wie Ernst Gellert (oben 2. von rechts).

Im Schwimmwagen stehend: Major Willi Lenz, Kommandeur PiB-8, li.: Major Ulrich Stroede StKA und danach K-PiB-8

Führung des PiB-8: Adolf Schwaß, StKPA; H-Joachim Peschel, StKSC; Ulrich Stroede, Kommandeur und Erich Schmidt, StKTA.

Obere Reihe:. Kommandeure von Truppenteilen und Einheiten im Stab der 8. MSD (vor dem Winkelbau).
Mittlere Reihe: 1. v. l.: K-NB-8; 3.: Oberst Behrent StKTA MSD; 6. v.l.: K-8. MSD Oberst A. Hotzky; 8.: Oberst Resenhöft, StKPA MSD; r.: Franz Wellisch, Dolmetscher.
Untere Reihe, 4. v. l.: Major Ulli Stroede, Kommandeur PiB-8. 3. v. l. KC TK-8; r.: Ltn A. Bujack, KC KChA-8.

Angehörige des PiB-8 beim Feiern
Rechts: Uffz. Günter Mädlin

Ltn. Jürgen Fedrau und Uffz. Günter Mädlin sowie Hein Völter, Walter Garbe und Jochen Peschel
Die Feldwebel Mädlin und Wegner

Fahnenverleihung in Prora am 04. Oktober 1959

Truppenteile des Standortes Prora sind an der Festhalle im Objektbereich des Artillerieregimentes 16 anlässlich der Übergabe von Truppenfahnen angetreten.

Auch hier ist eine Pontonfähre aus dem Pontonrückenpark LPB im Zentrum wieder die Tribüne der Leitenden. Die Artilleristen rahmen sie mit ihren Kanonen ein.

Im Hintergrund das Werkstattgebäude des PR-8.

Die Fahnenkommandos marschieren ein.

Der Chef des Militärbezirkes V, Generalmajor Bleck, Leitender der Fahnenverleihung, beginnt mit der Übergabe einer Truppenfahne an den Kommandeur eines Truppenteils.

Auch an das Pionierbataillon 8 erfolgte die Verleihung der Truppenfahne.

Generalmajor Bleck, überreichte die Fahne dem Kommandeur des PiB-8. Das Pionierbataillon 8 erhielt gleichzeitig von ihm die Auszeichnung als „Bestes Pionierbataillon des Militärbezirkes V".

Es geht zum feierlichen Vorbeimarsch zur Hauptstraße von Prora. Rechts als Fahnenbegleiter Unterleutnant Dieter Krüger.

1. März 1957: Parade der Standorttruppenteile von Prora auf der Straße Prora - Mukran anlässlich des ersten Jahrestages der NVA. Eine LPB-Fähre diente wie so oft auch hier als Tribüne der Leitenden, geschmückt mit den stolzen Insignien der Pontoniere: Anker, Bootshaken, Ruder und Rettungsring!

1. März 1961. Der 5. Jahrestag der NVA. Auf der Tribüne für den feierlichen Vorbeimarsch der Standorttruppenteile von Prora. Vierter von l.: Major U. Stroede, Kommandeur des PiB-8; 5. v. l.: Major Wolfgang Wiegand, Kommandeur des MSR-29 und Standortältester in Prora; r.: Major Bernhagen, Kommandeur des FJB-5.

Damals am Strand zwischen Prora und Mukran. Wo heute der große Fährhafen für Betriebsamkeit sorgt, ist im Hintergrund noch das kleine Dörfchen Neu-Mukran zu sehen.

Erste Schritte in der Ausbildung zur Seelandeabwehr mit dem manuellen Verlegen von Panzerminen TM-46 Üb in der Ostsee. Arno Treppner „prüft" erst einmal den Strand! Der Unteroffizier hält Schützenminen PMN in der Hand. Diese waren für das Verlegen im Wasser ungeeignet und nur an Land brauchbar.

Zum Überwinden von Wasserhindernissen versuchte man es damals auch mit allerlei kleinen Übersetzmitteln wie z. B. dem SVG, dem „Schwer Versenkbaren Gerät", einem schmalen Schützensteg auf Schwimmern aus gummierten Schnürbehältern, welche mit Stroh, Schilf oder dergleichen ausgestopft wurden. Dann gab es den Schwimmring mit einem Kreuzgurt in der Mitte zum Hineinsetzen und kleine Paddeln. Als Schwimmanzug gehörte eine bis an die Brust reichende Wasserhose dazu. Auf Wadenhöhe hatte dieser an beiden Seiten eine Art Schwimmflosse, die sich bei Vorstrecken des Beines nach hinten und bei Rückwärtsbewegung zur Seite klappte und damit einen Vortrieb unterstützte. Zum Angeln waren sie gut geeignet.

Damals der ganze Stolz der Pontoniere: So sah eine Übersetzfähre aus dem leichten Pontonpark LPB aus. Oben offene Pontons, die noch durch Pontoniere zu tragen waren; der gesamte Oberbau aus Holz. Die Tragfähigkeit der Fähren und Brücken war gering und genügte bald nicht mehr den Anforderungen.

Brückenbau mit dem leichten Pontonpark LPB in dieser Größenordnung ließ sich nur in gemeinsamen Feldlagern mit den anderen Pontoneinheiten der NVA realisieren wie hier an der Oder bei Hohensaaten im Jahr 1954.

Ernsthafte Ausbildung war bei den Pionieren schon immer gefordert, um diese Leistungen zu zeigen. Pontoniere auf einer Fähre des Leichten Pontonparkes LPB. Vorn rechts: Unteroffizier Wegner, der über viele Jahre dem Pionierbataillon 8 treu blieb.

In Ermanglung geeigneter Fließgewässer vor Ort war das PiB-8 immer gezwungen, in entsprechende Feldlager fernab des Standortes zu verlegen.

1957 erschloss das PiB-8 gemeinsam mit den Pionierzügen der Truppenteile in einem Feldlager an der Havel das Gelände, das später der Wasserübungsplatz für das Pontonregiment 5 und das Landeübersetzbataillon 5 wurde.

Zum Abschluss gab es ein zünftiges Pioniersportfest, u. a. mit einer Pontonruderregatta vom Park LPB, welches mit einer Wasserparade endete.

Auf einer Bockstrecke vom Pontonpark LPB erwarten die Leitenden die Ankunft der Wasserparade, u. a. Sturmboote sowie LPB-Pontons mit den die Ruder präsentierenden Rudermannschaften, gezogen von einem Schwimmwagen BAW.

Verlegungen über weite Entfernungen zu Feldlagern und Übungen geschahen in der Regel per Bahntransport. Für die Bequemlichkeit bei der langen Reise nutzte man dann gern die Belagbohlen des Pontonparkes als Sitzgelegenheit.

Brückenbau mit dem schweren Pontonpark SPB. Das ging nur an relativ schmalen Gewässern. Dafür nötig: der Bau von Bockstrecken und Uferbalken/Uferträger für das Auf- und Abfahren auf die bzw. von der Pontonbrücke. Fast alles war nur schwere Handarbeit beim Verlegen der Streckträger u. Belagbohlen.

Bau der Bockstrecke und Brückenfähren

Bei geeigneten Uferverhältnissen ging es auch mal ohne Bockstrecken: Die Endstrecke lag dann direkt auf dem Ufer auf, benötigte lediglich einen Uferträger und keine Stützen.

Das Überfahren der Pontonbrücke konnte nur einspurig erfolgen. Viel mehr an Brücke gab der vorhandene Bestand des schweren Pontonparkes TPP der PoK nicht her.

Übung beendet: „Waffen zur Durchsicht!" MPi für die Gruppenführer und Karabiner für die Pioniere.

Bei breiteren Wasserhindernissen wie der Elbe, reichte der vorhandene Pontonbestand der Pontonkompanie nicht für den Brückenbau. Nur Fährübersetzen war möglich. Die Elbe stellte hohe Anforderungen an den Personalbestand. Höhepunkte der Ausbildung im Feldlager bildeten die komplexen Abschlussübungen. Sie hatten dabei die Anforderungen der Pioniersicherstellung von Truppenübungen zu erfüllen.

Alles beginnt mit der Aufklärung der Übersetzstelle. Ein Schwimmwagen BAW leistete dafür damals gute Dienste. Im Vorbereitungsraum für das Übersetzen bei Rühstädt an der Elbe bereiten die Pontoniere ihre Technik vor. Die Vorgesetzten stimmen die bevorstehenden Handlungen letztmalig ab.

Pontoniere befestigen die Streckträger in Querlage auf den Pontons des schweren Pontonpark TPP.

Letzte Arbeiten am „Flieger" und die Pontonkompanie ist, bereit die letzten hundert Meter zur Übersetzstelle in Überbreite zu überwinden, ist somit in der Lage zum Abwurf am Wasser und schnelleren Koppeln der Pontons.

Alles wartet auf den Marschbefehl des Leitenden. Dann ertönt das Kommando: „Vorwärts!" Ein Schwimmwagen BAW mit dem Kommando für den jenseitigen Bau der Bockstrecke führt die Kolonne an.

Die Kolonne nähert sich dem Fluss.

Abwurfbereit brausen die Pontontransporter G5 der Pontonkompanie des PiB-8 in Richtung Fährenbaustelle. Das Land ist sommerlich trocken und die Staubwolke ist unübersehbar.

Beim Druck auf das Bremspedal rutscht der Halbponton zu Wasser, gehalten durch das Dämpferseil.

Nebenbei sieht man noch andere gängige Schwimmtechnik dieser Zeit: Einen echten Dampfschlepper!

Nun heißt es für den Fahrer raus aus dem Wasser. Bei weichem Untergrund für den G5 oftmals ein Problem. Kam der LKW nach dem Pontonabwurf nicht mit eigener Kraft aus dem Fluss, halfen nur die Abschleppstange und ein davor gespannter G5.

Auch die Bugsierboote rutschen in das Wasser. Sie nutzen eine für günstige Uferstelle in einiger Entfernung und könne so schneller bei den im Bau befindlichen Fähren sein.

Gleichzeitig mit dem Abwurf der Pontons sitzen die Uferkommandos ab, entladen das erforderliche Material und beginnen mit dem Aufbau der Anlegestellen. Nachdem der Schwimmwagen das jenseitige Ufer erreicht hat, geschieht dort das Gleiche. Es folgte eine weitere schwierige Arbeit: Die Halbpontons waren zu Ganzpontons zu verbinden und ihre schaukelnden Streckträger miteinander zu verschrauben.

Die erste Übersetzfähre ist fast fertig. Belagbohlen und Rödelträger sind noch aufzubringen, Geländerstangen sind einzustecken und das Geländer ist zu verseilen. Bugsierboote BB-120 können dann anlegen und die Fähre zur Bockstrecke an der eingerichteten Übersetzstelle drücken. Die Bockstrecken (schon seit „Kaisers Zeiten" so benannt), diesseits und jenseits sind fertig gestellt. Beim Park TPP kamen sie zu letzten Ehren.

In der Zeitung der Nationalen Volksarmee konnte man danach folgenden Bericht über diese Abschlussübung der Pontonkompanie des Pionierbataillons 8 nachlesen:

FÜR UNSERE ARBEITER-UND-BAUERN-MACHT

Kampfsignal

4. Jahrgang/Nr. 36 — Zeitung der Nationalen Volksarmee — 7. Oktober 1959

Der Wille entschied die Leistung

So wurde die Einheit Lenz „Beste Einheit des MB" – Jeder Handschlag saß beim Bau der Fähre – Nach 23 Minuten konnte übergesetzt werden

Der entscheidende Punkt bei der Vorbereitung der Abschlußübung der Einheit Lenz war eine Beratung, in der Funktionäre der Partei und der FDJ, Genossen der Einheitsleitung, die Kompaniechefs, Zugführer und Gruppenführer die bevorstehenden Aufgaben besprachen. Auch FDJ-Mitglieder, die als Kontrollposten eingesetzt waren, nahmen an dieser Beratung teil. Hier – in dieser Zusammenkunft – wurden alle Maßnahmen bis in die kleinsten Details besprochen, denn es ging darum, im sozialistischen Wettbewerb die Norm im Fährenbau zu unterbieten. Die Einheit Lenz hatte sich das Ziel gestellt, „Beste Einheit des MB" auf ihrem Spezialgebiet zu werden.

Am Tage vor der Übung wurde eine Überprüfung der gesamten Technik durchgeführt. Dabei wurde aber auch die letzte und kleinste Schraube nachgesehen, die Bolzen gängig gemacht, die Gleitschienen eingefettet u. a. m. Dann sickerte noch die Nachricht durch, daß Einheiten anderer Verbände die Fährenübersetzstelle in 56 Minuten bzw. 26 Minuten gebaut hatten. Das war der Funke, der alle Genossen der Einheit Lenz in ihrem Willen bestärkte, die beste Leistung zu vollbringen.

Schließlich war es soweit. Als der Raum des Umbolzens erreicht war und der Befehl zum Fliegerbau kam, konnte man kaum so schnell hinsehen, wie die einzelnen Pontons umgebolzt waren. Und dann kam, fünf Minuten nach dem Eintauchen der ersten Welle der Landeübersetzmittel, das Signal zum Beginn des Einrichtens der Fährenübersetzstelle. In ausgezeichneter Ordnung und mit großer Geschwindigkeit kamen als Erste die Schwimmfahrzeuge mit dem Material für die jenseitige Bockstrecke über den Damm, erreichten das Ufer und tauchten ins Wasser. Im gleichen Augenblick begann auch schon das Ausladen und der Bau der diesseitigen Bockstrecke. Zwei Minuten nach dem Signal war das erste Ponton für die 50-t-Fähre zu Wasser gebracht. Und nun ging es Schlag auf Schlag. Die Pontonfahrzeuge fuhren wie am Schnürchen zum Entladen der Pontons und ebenso mustergültig war die Abfahrt der entladenen Fahrzeuge. Zwölf Minuten nach dem Eintauchen des ersten Fahrzeuges der Pontonkompanie war die 50-t-Fähre gebaut und befand sich auf dem Wege zur Bockstrecke. Drei Minuten später war die diesseitige Bockstrecke fertiggestellt und legte die Fähre zum Beladen an. Weitere vier Minuten danach war die jenseitige Bockstrecke fertig. Dreiundzwanzig Minuten seit Beginn des Baues waren vergangen, als die ersten beiden übergesetzten Fahrzeuge entladen werden konnten. In der Zwischenzeit war auch der Bau der 35-t-Fähre vorangeschritten, die dann 30 Minuten nach Beginn des Einrichtens der Fährenübersetzstelle das Übersetzen aufnahm.

Diese Anstrengungen wurden belohnt. Die Einheit Lenz ging als „Beste Einheit des MB" auf ihrem Spezialgebiet hervor.

Hauptmann Knust

August 1961. Die in Berlin eingesetzten Truppenteile der 8. MSD sollten aus der Stadt abgezogen werden und außerhalb der Stadt eine neue Unterbringung beziehen. Zwischen Erkner und Neuzittau errichtete das Pionierbataillon 8 ab 29. 08. 61 ein Feldlager für diesen Zweck.

Der Volkskammerpräsident Johannes Dieckmann besuchte das Feldlager. In der Mitte: Generalmajor Martin Bleck, CMB-V, rechts Ulrich Stroede, Kommandeur des PB-8.

Mitte: J. Dieckmann beim PiB-8 im Feldlager Neuzittau. Daneben: Ulrich Stroede, Jürgen Fedrau, Gerhard Huscher u. A.

1. v. l.: Oberst Behrend, StKTA 8. MSD; 2. v. l.: Oberst Amm, K-8. MSD; rechts teilweise sichtbar: Oltn. Stroht, Offz. Pi-Versorgung beim LPi-Dienst der 8. MSD.

Es geschah im Monat Februar 1964. Nach einer kurzen Alarmierung bezieht das Pionierbataillon 8, gemeinsam mit dem II. Mot.-Schützenbataillon des Mot.-Schützenregimentes 28 sowie den Pionierkompanien der Mot.-Schützenregimenter 28 und 29, Unterkunft in einer alten Kaserne in Prenzlau. Für drei Monate geht es per LKW täglich zur Arbeit auf die Baustelle des Erdölverarbeitungswerkes Schwedt (EVW), zur Sicherung der Inbetriebnahme der ersten Anfahrstufe. Rohrleitungsbau, Rohrleitungsisolierung, Umschlag, Lagerung und Transport von Isoliermaterial und anderen Gütern sowie manch andere Arbeiten werden die Arbeitszeit der eingesetzten Kräfte in der bevorstehenden Zeit bestimmen.

Teil der Baustelle des Erdölverarbeitungswerkes Schwedt, mit den unzähligen, zu Beginn noch nicht isolierten Rohrschlangen.

Die Isolierung am Kugelentsalzer war eine der Aufgaben der Angehörigen des Pionierbataillons 8. Im Gewirr der Rohrbrücken hatten die Pioniere oft hoch oben ihre Arbeit zur Isolierung der Rohrschlangen zu erledigen.

EVW 1964: Kurze Beratung nach dem Absteigen von den Transportfahrzeugen des Transportbataillons 5. Von links: Hptm. K. Stütze, StKA des PiB-8; Hptm. Klaube; Hptm. Treppner; Hptm. Völter, ..., Oltn. Richter.

Eines der Arbeitskommandos aus dem PiB-8. (rechts oben: Gert Reiß, er wird später noch Pionieroffizier).

Pioniere beim Isolieren von Rohrleitungen an einer Rohrtrasse

In der Regel waren dazu Glaswollematten oder Kamilitplatten um die Rohre zu wickeln und dann mit Blechen zu ummanteln bzw. Blechwannen anzubringen, Schlackenwolle hineinzustopfen und alles mit Blechdeckeln zu verschließen.

Feierabend auf der Baustelle. Die ersten Transporter für die Rückfahrt nach Prenzlau stehen bereit.

Austausch von Erinnerungsgeschenken der Kompanie von Arno Treppner mit dem zusammenwirkenden Betrieb.

Austausch von Erinnerungsgeschenken der Kompanie von Arno Treppner mit dem Betrieb, den die Kompanie in der Arbeit unterstützte.

Übergabe von Prämien und Auszeichnungen vom Betrieb VVB (Vereinigung Volkseigener Betriebe) Rohrleitungen und Isolierungen Leipzig, an den Kommandeur des PiB-8, Major Ulrich Stroede. Daneben: Hptm. Peschel, StKSC PiB-8 und Major Fischer, Kommandeur des II. MSB/MSR-28.

Auszeichnungen an Angehörige der im EVW eingesetzten Einheiten. Erwin Schallenberg, Peter Bekter, Hein Völter u. A.

Auszeichnung des StKA des PiB-8, Hptm. Kurt Stütze. Daneben der Kommandeur des II. MSB des MSR-28, Major Fischer.

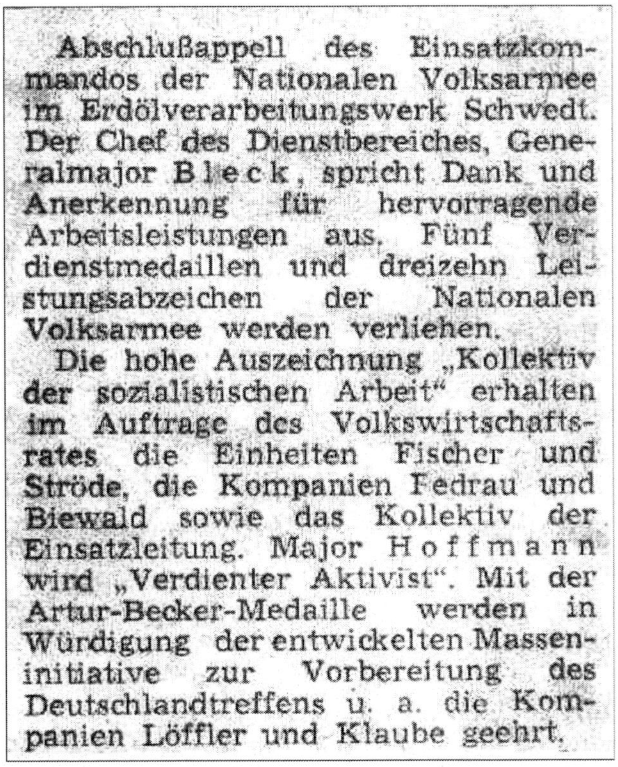

Abschlußappell des Einsatzkommandos der Nationalen Volksarmee im Erdölverarbeitungswerk Schwedt. Der Chef des Dienstbereiches, Generalmajor B l e c k , spricht Dank und Anerkennung für hervorragende Arbeitsleistungen aus. Fünf Verdienstmedaillen und dreizehn Leistungsabzeichen der Nationalen Volksarmee werden verliehen.

Die hohe Auszeichnung „Kollektiv der sozialistischen Arbeit" erhalten im Auftrage des Volkswirtschaftsrates die Einheiten Fischer und Ströde, die Kompanien Fedrau und Biewald sowie das Kollektiv der Einsatzleitung. Major H o f f m a n n wird „Verdienter Aktivist". Mit der Artur-Becker-Medaille werden in Würdigung der entwickelten Masseninitiative zur Vorbereitung des Deutschlandtreffens u. a. die Kompanien Löffler und Klaube geehrt.

Die Presse berichtete über den Einsatz der Kräfte der 8. MSD im EVW Schwedt.

Abschlussbankett des Generaldirektors der Vereinigung volkseigener Betriebe Rohrleitungen und Isolierungen Leipzig im Bankettsaal des Hotels UCKERMARK in Prenzlau für das Arbeitskommando und die Betriebe, mit denen auf der Baustelle unmittelbar zusammengearbeitet wurde.

Beim Abschlussbankett des Generaldirektors: Hauptmann Stütze, StKA des PiB-8 (links) und Major Stroede, Kommandeur des Pionierbataillons 8, (rechts) im Gespräch mit dem Werksleiter des Erdölverarbeitungswerkes Schwedt.

Ein Betriebsleiter, Hauptmann Klaube, Hauptmann Stütze.

Freizeit 1954 im Feldlager bei Hohensaaten an der Oder.

Die siegreiche Fußballmannschaft. Obere Reihe: Götzke, Schütz, Trabitsch, Möller, Heyner; Mittlere Reihe: Pape, Bading, Roßmeyer; Untere Reihe: Kepalies, Bourdos, Gruel.

Neujahrsmorgen 1955 in Prora.

Jux! Junge Kommissare der D2-Abteilung in ihren KVP-Uniformen.

2. v. li.: Horst Bading,
2. v. re.: Gerhard Mischok

Pontonrudern als Freizeitvergnügen. Pioniere in einem LPB-Ganz-Ponton (aus Vorder- und Mittelteil bestehend).

Auf Exkursion in Dresden. Von links: 1. Dieter Krüger, 4. Adolf Schwaß, 6. Oswald Strutz, 8. Günter Baldy

Besuch der Herrmannhöhle in Rübeland/Harz. Dabei, u. a.: Ofw. Hank, Hptm. Kurt Stütze, Hptm. Arno Treppner u. a. m.

Arno Treppner mit seinem Zug auf dem Königstuhl von Rügen

- während der Zeit in Goldberg

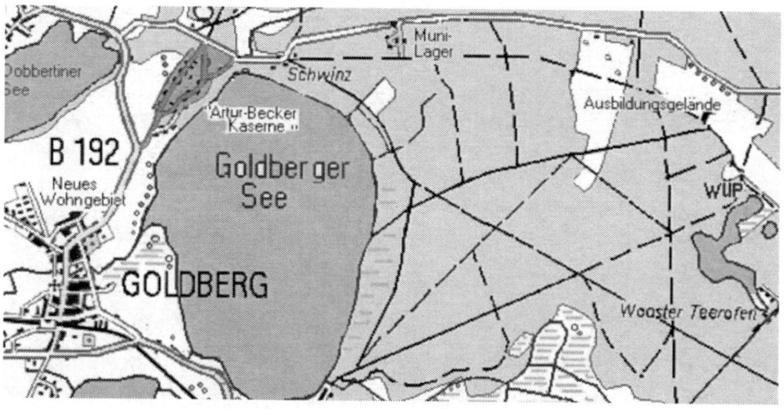

Im Jahr 1964 verlegte das Pionierbataillon 8 gemeinsam mit dem Panzerregiment 8 von Prora in die neu errichtete Kaserne bei Goldberg, nach den einzelnen Häusern nördlich davon auch Standort Jellen genannt. Auch die Raketenabteilung 8 zog in diese Kaserne.

Die „Artur-Becker-Kaserne". Hinter der Küche rechts, einer der beiden Unterkunftsblöcke des PiB-8.

Goldberg, die Hauptstraße. Mit dem Kasernenbau erfolgte auch der Bau erster Wohnungen für Familien der Berufssoldaten am Nordwestrand der Stadt. Antragsteller gab es immer mehr als verfügbaren Wohnraum.

Badestelle am Goldberger See. Das PiB 8 erhielt den Auftrag, direkt vor der Kaserne, am See, ein Kanu-Leistungszentrum zu schaffen. Die Armeesportgemeinschaft des PiB-8 fungierte als Träger und bot Kindern der Region die Möglichkeiten für eine sinnvolle Freizeit an.

Aus besonderem Anlass bezogen Ehrenposten der in der „Artur-Becker-Kaserne" stationierten Truppenteile ihren Platz am Eingang zur Kaserne und am Ehrenmahl für Artur Becker.

Besuch des Ministers für Nationale Verteidigung, Armeegeneral Hoffmann, anlässlich der Namensverleihung an die "Artur-Becker-Kaserne".

Begrüßung des Kommandeurs des PiB-8, Oberstleutnant Ulrich Stroede, nach dessen Meldung an den Minister.

Besichtigungsrundgang durch die Kasernenanlagen

Oberleutnant Wrobel, Offz. für Panzertechnik des Pionierbataillons 8 (er wird später noch StKTA der 8. MSD); Oberstleutnant Stroede, Kommandeur PiB-8; Major Schwaß, StKPA PiB-8 und Major Gerhard Rehfeld, Oberoffizier Operative Arbeit beim Leiter Pi-Dienst der 8. MSD.

Rechts:
Oberstleutnant Werner Kuhrts, Kommandeur des Pionierbataillons von 1965 bis 1972, in der „Artur-Becker-Kaserne".

Unten:
Der Kommandeur des Pionierbataillons 8, Oberstleutnant Kuhrts (3.v.l.), mit Offizieren seiner Führung: Major Schwaß, Major Pöpplow, Hauptmann Aschendorf, Major Huscher und Major Struckmann.

Der Kommandeur des Pionierbataillons 8, Oberstleutnant Kuhrts (Mitte), mit Offizieren seiner Führung: Major Schwaß, Major Struckmann, Major Höhnle, Major Pöpplow, Major Schallenberg und Major Huscher.

2.: Erich Schmidt, 3.: Adolf Schwaß, 4.: Werner Helmert

Rechts: Werner Kuhrts

Adolf Schwaß in Stern Buchholz, mit Willi Lange, Willi Gloede, Harry Joost, Horst Galewsky.

Adolf Schwaß inmitten von Offizieren der Wehrorgane

Kommandeure und Stellvertreter der Truppenteile in der „Artur-Becker-Kaserne". 3. von links: Oberst H. Zander, Kommandeur PR-8; 4. von links: Oberstleutnant Gorzuch, Kdr. RA-8; rechts: Oberstleutnant Werner Kuhrts, Kommandeur des Pionierbataillons 8.

Sie sorgten für die tägliche Bewegung im Bataillon: StKRD PiB-8, Major Struckmann (M.), Ofw. Hoppe (TS) und Ofw. Wegner (Vepflegung)

Zivilbeschäftigte des PiB-8. Sie wirkten oft im Hintergrund, verrichteten aber täglich fleißig ihre Pflichten im Interesse des Truppenteils.

Der damalige Stellvertreter des Kommandeurs für Technik und Ausrüstung (StKTA) des PiB-8, Hauptmann Erich Schmidt (1964-1971), erwarb sich viele Verdienste um die stete Einsatzbereitschaft der Technik im Bataillon.

Dem StKTA des Pionierbataillons 8 unmittelbar zur Seite standen die Offiziere der technischen Stelle, mit den Bereichen Pionier-, KFZ- und Panzertechnik sowie der Zugführer des Instandsetzungszuges und nicht zuletzt die Stellvertreter TA der Kompanien.

Militärkraftfahrer in der Lage sind, das in der Fahrschule Erlernte in der Praxis anzuwenden.

Diese Beispiele zeigen: Das Kollektiv der Fahrlehrer des Truppenteils „Fritz Grosse" wird seine Verpflichtungen im Wettbewerb zu Ehren des 30. Geburtstages unserer Republik mit guten Ergebnissen abrechnen.

Geschenk zum 30. Jahrestag: 1 Million Kilometer unfallfrei

Major G. BALDY

Eine der vielen Möglichkeiten, eine hohe Gefechtsbereitschaft zu sichern und dabei auch ökonomischen Erfordernissen gerecht zu werden, besteht im Verhindern von Verkehrsunfällen. Neben dem konsequenten Durchsetzen der Vorschriften und Befehle steht dabei im Vordergrund, den Militärkraftfahrern ein hohes Verantwortungsbewußtsein anzuerziehen. Alle Maßnahmen der politisch-ideologischen Arbeit müssen deshalb dafür genutzt werden, ihnen immer wieder die hohe Verantwortung vor Augen zu führen, die sie mit ihrer Tätigkeit für die Kampfkraft und Gefechtsbereitschaft ihres Truppenteils tragen.

Gleichlaufend damit gilt es im militärischen Alltag zu sichern, daß die Theorie und die tägliche Praxis, mit der die Militärkraftfahrer konfrontiert werden, stets übereinstim[illegible] Nur dann werden ihre eige[illegible]nen praktischen Erfahr[illegible] dazu beitragen, die Über[illegible]gung von der Notwend[illegible] gewissenhaften Hande[illegible]ter auszuprägen. Das [illegible] einfach zu sein. In Wi[illegible] ist es aber komplizie[illegible] die Gewohnheiten im [illegible]penteil, die Vorbild[illegible] der Vorgesetzten, das [illegible] des Nebenmannes, die öffentliche Meinung beeinflussen diesen Prozeß. Deshalb wird in unserem Truppenteil (Truppenteil Müller, Verband Bethmann) darauf kontinuierlich eingewirkt. Einige Beispiele sollen das veranschaulichen.

An erster Stelle steht die Organisation der Ausbildung der Militärkraftfahrer in hoher Qualität. Alle Militärkraftfahrer haben an dieser Ausbildung teilzunehmen. Um diese Forderung auch durchsetzen zu können, müssen dafür natürlich die notwendigen Voraussetzungen geschaffen werden.

Weiterhin hat es sich als sehr wichtig erwiesen, größten Wert auf eine gewissenhafte Durchführung der TTW nach dem Einsatz zu legen. In ihrem Ergebnis wird die genutzte Technik ohne die geringsten Mängel auf dem Park abgestellt. Selbstverständlich wird die Technik auch vor dem Einsatz gründlich kontrolliert. Neben vielen anderen Initiativen der FDJ wurde im Rahmen der „Freiwilligen Masseninitiative" eine Wartungsrampe geschaffen, die die Qualität der TTW erhöhen hilft und die Arbeitsbedingungen verbessert.

Wesentlich ist die Vorbildwirkung der Vorgesetzten, ihre Einflußnahme auf die Militärkraftfahrer – beginnend beim Kommandeur, der die Unterschrift im Auftrags- und Nachweisheft leistet und die exakte Führung der Dokumente konsequent fordert und gewissenhaft kontrolliert, über die Fahrzeugverantwortlichen, die regelmäßig geschult werden, bis zum OvP, der das vorschriftsmäßige Abstellen der Technik durchsetzt.

Stimulierend wirkt das kontinuierliche Auswerten der erreichten Ergebnisse, das Popularisieren der besten Leistungen und ihre Würdigung bei den Appellen zur Eröffnung der Parktage.

Das Verkehrssicherheitsaktiv leistet ebenfalls einen wertvollen Beitrag. Es organisiert unter anderem, daß vor Spielfilmen belehrende Kurzfilme vorgeführt werden, wie zum Beispiel „Was kostet die Volkswirtschaft ein Verkehrsunfall?"

Auch die enge Zusammenarbeit mit dem VPKA bewährt sich. Gemeinsam werden Verkehrsunfälle und ihre Ursachen ausgewertet sowie entsprechende Schlußfolgerungen erarbeitet und durchgesetzt. Das VPKA stellt neuestes Anschauungsmaterial und Diapositive zur Verfügung, die die Kraftfahrerausbildung in den Zirkeln unterstützen.

Entscheidend, das möchte ich nochmals betonen, ist jedoch die Vorbildlichkeit der Vorgesetzten. Sie müssen mit ihren Verpflichtungen und deren Erfüllung an der Spitze stehen. Ein Beispiel dafür ist der Stabsfeldwebel Lindenau. Seit 1972 als Fahrlehrer eingesetzt, hat er persönlich und mit Fahrschülern 170 000 km unfallfrei gefahren und darüber hinaus monatlich im Durchschnitt 100 Liter VK eingespart. Derartige Leistungen sind nur auf der Grundlage einer ausgezeichneten Pflege und Wartung der Technik möglich, vor allem wenn man bedenkt, daß täglich andere Militärkraftfahrer ausgebildet werden müssen.

Aufgrund dieser vielfältigen Bemühungen kann unser Truppenteil voller Stolz auf folgende Ergebnisse blicken:

In der Zeit zwischen Februar 1976 und August 1978 wurden 1,3 Millionen Kilometer gefahren. Das sind 1,3 Millionen unfallfreie Kilometer. Besonders hervorzuheben ist, daß der größte Teil dieser Kilometer von Großtechnik geleistet wurde. Daran ist auch das Kollektiv der Pontoneinheit beteiligt, das seit 1972 ohne Verkehrsunfall fährt.

Für diese Ergebnisse sind wir 1975 und 1977 vom Kommandeur des Verbandes ausgezeichnet worden. Eines unserer Geburtstagsgeschenke zum 30. Jahrestag der Gründung der DDR sollen 1 Million weitere unfallfrei gefahrene Kilometer sein.

Wir rufen alle Truppenteile auf, unserem Beispiel zu folgen, bei allen Armeeangehörigen die Liebe zur Technik weiterzuentwickeln, ihnen noch bewußter zu machen, daß unsere Technik ein Teil unseres sozialistischen Eigentums ist, in dem das Talent und der Fleiß vieler Werktätiger verkörpert sind. Sie muß verantwortungsbewußt und sorgfältig behandelt werden, auch, um Verkehrsunfälle verhindern zu können.

Hervorragende Ergebnisse der Einheit Kalleé

Major Stein

Kurzfristig erhielt der Truppenteil Liebholdt die Aufgabe, Baumaßnahmen in einer Ausbildungsbasis durchzuführen. Es handelte sich um den Bau

Von links: Oswald Strutz, Uwe Wulf, Günter Baldy, Peter Kassner.

Waffenbrüder vom sowjetischen Gardepionierbataillon 94 zu Gast. Auszeichnung eines sowjetischen Pioniers beim Appell des PiB-8.

Zu Gast beim sowjetischen Gardepionierbataillon 94 in Schwerin

1972. Oberstleutnant Werner Kuhrts übergibt das Pionierbataillon 8 an seinen bisherigen Stellvertreter für Ausbildung, Major Kurt Pöpplow. Die Übergabe leitet der Stellvertreter für Ausbildung der 8. MSD, Oberst Werner Käseberg (oben. 2. Bild links). Mit dabei: Oberstleutnant Kurt Lemke, Leiter Pionierwesen der 8. MSD (re.).

Links: Übergabe der Truppenfahne

Unten: Kurt Pöpplow links

PiB-8 Goldberg 1972: Bei der Übergabe der Führung des PiB-8 von Oberstleutnant Pöpplow an Major Müller. Von links: Major A. Treppner, StKA, Major E. Schröder, PS; Major G. Baldy, StKTA; Major R. Hinz, StKPA; Oberstleutnant K. Pöpplow, bisheriger Kdr; Oberstleutnant Kurt Lemke, Ltr. Pi-Wesen 8. MSD; Major G. Müller, StKA PiB-8 (neuer Kdr.) und StFw. C. Hoppe, StKRD i.V. PiB-8.

v. li.: K-PiB-8, Oberstltn. Gerhard Müller, mit seiner Führung: StSC Mj. Peter Bekter,

StKPA Mj. Bernd Neumann, StKTA Mj. H-J. Hammerschmidt, PS Mj. Schröder, StKA Mj. Arno Treppner, StKRD Mj. Horst Kohnert; StKSC Mj. Frank Rohmann.

StKA Mj. A. Treppner, StKRD Mj. H. Kohnert, StKSC Mj. Fr. Rohmann, StKTA Mj. G. Baldy, Kdr. Mj. G. Müller, StKPA Mj. R. Hinz, PS Mj. Schröder.

Angehörige von Führung und Stab des Pionierbataillons 8 in Goldberg

Der Stabchef des PiB-8 in Goldberg, Major Schallenberg (4. v. links) und seine ihm unterstellten Bereiche: Rademacher, Org./Kader; Hoffmann, ChD; Neubauer, FinÖk; Aschendorf, StSC; Buhlmann, VS-Stelle.

Die Politgruppe des PiB-8 in der "Artur-Becker-Kaserne": Hptm. Neumann, StKPA; Major Schröder, PS; Oltn. Marzahn, FDJ-Sekr.; Hauptmann Buschendorf, Propagandist und der Rundfunk- und Kinomechaniker.

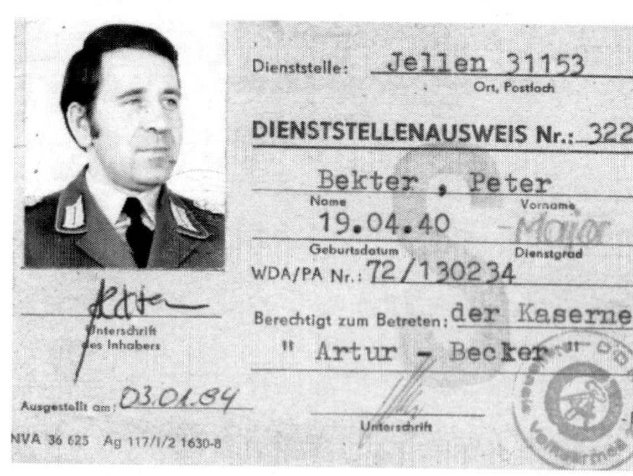

Dienststelle: Jellen 31153
Ort, Postfach

DIENSTSTELLENAUSWEIS Nr.: 322

Bekter , Peter
Name Vorname

19.04.40 Major
Geburtsdatum Dienstgrad

WDA/PA Nr.: 72/130234

Unterschrift des Inhabers

Berechtigt zum Betreten: der Kaserne " Artur - Becker"

Ausgestellt am: 03.01.84

Unterschrift

NVA 36 625 Ag 117/I/2 1630-8

Major Peter Bekter. Seine Berechtigung zum Betreten der „Artur-Becker-Kaserne"

Friedhelm Westphal, Honisch, Buhlmann

Adolf Schwaß mit dem eisernen Kern der Berufsunteroffiziere des PiB-8, alle fast von Anfang an dabei: oben links: Die StFw. Schönau, Wegner Garbe, Buhlmann.

Links:
Günter Mädlin und Ernst Gellert, beide hatten als Soldat im PiB-8 angefangen, einige wie Ernst Gellert wurden noch Offizier.

1981: Appell im Pionierbataillon 8. Der Kdr. 8. MSD, Oberst Bethmann, begrüßt die angetretenen Einheiten des Bataillons, anlässlich der Übergabe des PiB-8 von Oberstleutnant Gerhard Müller an Major Rainer Peche.

Der Kommandeur 8. MSD, Oberst Bethmann, bei seiner Ansprache anlässlich der Übergabe des PiB-8. Vorn im Bild: Stellvertreter Chef Pionierwesen Ministerium für Nationale Verteidigung, Oberst Peter Beier. Daneben: Arno Treppner, ehemaliger Stellv. des Kommandeurs für Ausbildung des PiB-8.

Unten: Von links: Generalmajor Pankau, Chef Pionierwesen der Landstreitkräfte; Oberstltn. Müller; Oberst Bethmann; Major Peche; Oberstltn. Selau, Kdr.-PR-8; Major Stein, Kdr.-RA-8; Oberstltn. Biewald, LPiW 8. MSD; Oberst Beier, Stellv. CPiW MfNV.

Oben:
Oberst Bethmann bestätigt die Übergabe/Übernahme des Pionierbataillons 8

Links:
Nach dem Übergabeappell auf dem Weg zur Abnahme des feierlichen Vorbeimarsches des PiB-8.

Vorn: Major R. Peche und Oberstltleutnant G. Müller. Hinten: Generalmajor A. Pankau, Oberst P. Beier, Oberst U. Bethmann.

Besuch des Chefs Pionierwesen der Landstreitkräfte im Pionierbataillon 8, im Standort Goldberg. Auf dem Park unterwegs mit Major Rohmann und Hauptmann Krause.

Bataillonsappelle führten die Einheiten des PiB-8 immer zu besonderen Anlässen zusammen.

Das Fahnenkommando mit der Truppenfahne des Pionierbataillons 8. Fahnenträger ist Günther Mädlin.

Standortappell zur Eröffnung des Ausbildungsjahres. Auf der Tribüne neben dem Chef Pionierwesen des Militärbezirkes V, Oberst Peter Beier, die Kommandeure der Standorttruppenteile in der „Artur-Becker-Kaserne".

Kdr. Panzerregiment 8
Kdr. Pionierbataillon 8, Oberstleutnant G. Müller
Kdr. Raketenabteilung 8, Oberstleutnant D. Pietsch.

Exerzierbesichtigung im PiB-8 am 02. 06. 1975, zu Beginn des 2. Ausbildungshalbjahres.

Der StKTA, Major Günter Baldy (li.) und der StKPA, Major Rudi Hinz, bei der „Befragung" zu militärischen Grundkenntnissen.

Exerzierbesichtigung im PiB-8 zu Beginn des Ausbildungsjahres. Befragung des Personalbestandes durch die Bataillonsführung

Bataillonsappell am 1. März 1973

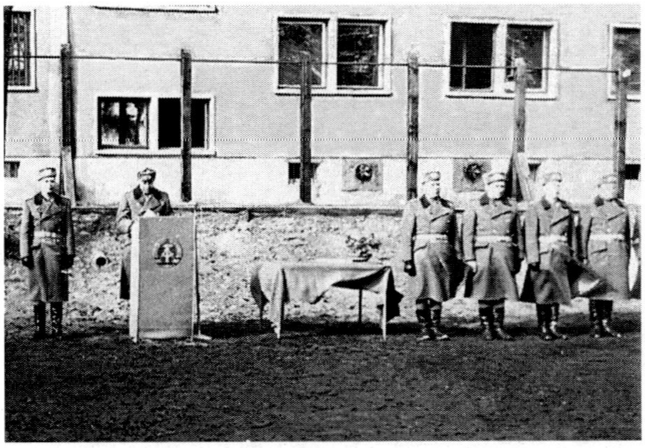

Bataillonsappell am 1. März 1973. Neben dem Kdr-PiB-8, Oberstltn. Pöpplow, der StKSC, Major Aschendorf beim Verlesen des Tagesbefehls und der Befehle über Belobigungen, Auszeichnungen und Beförderungen. Der Kommandeur, Osl. Pöpplow beim Abschreiten der Front. Zum Abschluss folgt der feierliche Vorbeimarsch.

Abnahme des feierlichen Vorbeimarsches der Einheiten des Pionierbataillons 8 nach dem Appell am 01. 03. 1973, durch den Kommandeur, Oberstleutnant Pöpplow und die Führung des Bataillons.

Mitte rechts: Der Stab des PiB-8. An der Spitze: Hauptmann Wuttig, StSC

Vorbeimarsch des PiB-8 auf der Objektstraße, immer beginnend mit dem Fahnenkommando und dem Ehrenzug

Feierlicher Bataillonsappell, verlegt auf die Betonfläche des Parkes. Nach der Meldung an den Kommandeur des Bataillons erfolgt der Einmarsch des Fahnenkommandos mit dem Ehrenzug.

Zu besonderen Anlässen werden der Tagesbefehl des Ministers sowie weitere Befehle über Beförderungen und Belobigungen verlesen.

Zu solchen Appellen erscheinen auch Gäste und überbringen ihre Grüße.

Die in den Befehlen namentlich genannten werden nacheinander vor die Front befohlen, um ggf. ihre neuen Dienstgradabzeichen bzw. Auszeichnungen, Prämien und Glückwünsche entgegenzunehmen.

Die Bataillonsappelle boten auch Anlass, solche seltenen Belobigungen bekannt zu geben, wie z. B. eine Belobigung, verbunden mit dem Fotografieren vor der entfalteten Truppenfahne.

Auch Zivilangestellte des Bataillons zeichnete man für ihre zuverlässige Arbeit aus.

Belobigt mit dem Fotografieren vor der entfalteten Truppenfahne: li. Major Peter Bekter, rechts: Oberfähnrich Clemens Hoppe.

Auszeichnungen und Beförderungen durch den Kommandeur des PiB-8, Oberstleutnant Pöpplow und seinen StKPA, Major Hinz, an Major Treppner, Hptm. Ullrich, Oltn. Gellert u. a.
Für Beförderte und wegen besonderer Leistungen ausgezeichneter Angehörige des Pionierbataillons 8, gab der Kommandeur des Bataillons, Osl. Pöpplow, im Anschluss einen kurzen Empfang.

Rechts: Kdr.-PiB-8, Oberstltn. Pöpplow und StKPA, Major Hinz.

Unten: Major Schröder, PS, und Oberstleutnant Pöpplow mit den Gästen des Empfangs.

Beim Empfang des Kommandeurs

Ltn. . . . , Major Baldy, StKTA
Major Treppner, StKA

Major Treppner, StKA
Hauptmann Ullrich, Kompanie-chef

Links: Major Bekter, StSC

Vereidigungen neu einberufener Soldaten.

Für sie selbst bildete es ein unvergessliches Erlebnis und für die Teilnehmenden sowie die Zuschauer ebenfalls ein besonderer Einblick in das Soldatenleben.

Dieser Akt fand daher gewöhnlich in der Öffentlichkeit statt, so wie hier die Vereidigung der „Neuen" des PiB-8 in der Patengemeinde Dobbertin. Nach der Meldung folgten die Ansprachen vom Kommandeur, Osl. Kuhrts und von Gästen.

Vereidigung der „Neuen" des Pionierbataillons 8 in der Patengemeinde Dobbertin, verbunden am Abschluss mit der Übergabe der persönlichen Waffen durch Veteranen.

1967, Vereidigung der Neuen des Standortes Goldberg in Waren an der Müritz.

Ruhe vor dem Sturm: Die Unterleutnante Frank Rohmann und Rainer Schmidt und ihre wartenden Pioniere.

Marsch zum Platz der Vereidigung und Aufstellung vor den Zuschauern.

Unten:
Abschreiten der Front durch den Kasernenältesten, den Kommandeur des PR-8, Oberst Horst Zander.

Öffentliche Vereidigungen der „Neuen“ des PiB-8 fanden auch in Goldberg sowie in Güstrow (re.) statt.

Der Kommandeur PiB-8, Oberstltn. Kurt Pöpplow, beim Abschreiten der Front der zur Vereidigung angetretenen Einheiten.

Die Pionierkompanie des PiB-8

Sprengdienst und Sperrdienst war Bestandteil der Ausbildung für einen großen Teil des Personalbestandes des PiB-8. In erster Linie stand diese Aufgabe jedoch der Pionierkompanie zu. In den anderen Kompanien des Bataillons hatte die Masse des Personalbestandes vorrangig ihre Pioniertechnik zu bedienen.

Pioniere beim Herstellen einer Zündschnurzündung sowie einer geballten und gestreckten Ladung.

Sperrdienst, das ist der Einsatz von Sperrmitteln unter Ausnutzung des Geländes und seiner natürlichen Hindernisse aber auch das Suchen und Beseitigen derselben. Drahtsperren spielten vor allem anfangs in der NVA eine Rolle, bis sie größtenteils verdrängt wurden vom Verlegen, Wiederaufnehmen, Suchen und Unschädlichmachen von Minensperren, vorrangig von Panzerminensperren.

Oben rechts:
Ausbildung im manuellen Verlegen einer Panzermine vom sowjetischen Typ TM-46 Üb.

Rechts:
Ausbildung an der Panzermine PM-60

Die einfachste Methode im Suchen und Beseitigen einer Panzermine: Mit dem Minensuchstab (re. daneben) wurde die Mine lokalisiert. Der Pionier legt die Mine teilweise frei und setzt einen Minenhaken an. Aus einer Deckung heraus wird die Mine dann mit der Leine (rechts am Körper sichtbar) herausgehoben, um sicher zu sein, dass sie nicht gegen Wiederaufnahme gesichert ist.

Einsatz elektronischer Minensuchgeräte.
Sie schlugen akustisch und optisch an, wenn sie einen metallischen Gegenstand im Erdreich feststellten. Für nichtmetallische Minen waren sie damit kaum geeignet, mussten daher im Verbund mit allen anderen Such- und Räummöglichkeiten gesehen werden.

Minensuchen zum Schaffen einer Übersetzstelle.

Pioniere des 3. Zuges der Pionierkompanie des PiB-8 bei der Ausbildung im Lokalisieren von Kernminen.

Einsatz des Deckelabhebegerätes, mittels Seilzug vom SPW 50-PK aus.

Durchtrennen einer Zündleitung.

Oben: Unterleutnant Frank Rohmann mit Sohn und seinem Zug.

Unten: Auszeichnungen für den Zug von Oberleutnant Frank Rohmann.

NATIONALE VOLKSARMEE

URKUNDE

für

3. Zug d. Pi.-Kp., PiB-8
Zugfhr.: Oblt. Rohmann, Frank

In Anerkennung
der gezeigten Leistungen in der Bestenbewegung
im I. Ausbildungshalbjahr 1970/71

Neubrandenburg, am 23. 10. 1971

Chef MB V

Generalleutnant

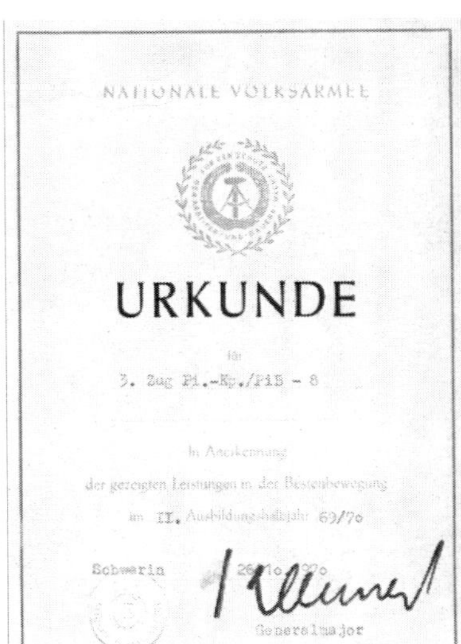

NATIONALE VOLKSARMEE

URKUNDE

für

3. Zug Pi.-Kp./PiB - 8

In Anerkennung
der gezeigten Leistungen in der Bestenbewegung
im II. Ausbildungshalbjahr 69/70

Schwerin 26.10.1970

Generalmajor

Mit Einführung der Minenlegegeräte MLG-60 und SPW-152 als ihr Zugmittel sowie als Transportmittel für jeweils 100 Panzerminen, begann die Ära der Beweglichen Sperrabteilung (BSA). Der BSA-Zug der PiK des PiB-8 konnte Minen offen als auch verdeckt verlegen.

Taktische Kennung am SPW:
Die erste 9 = PiB-8
die zweite 9 = Pionierkompanie
(unten: später die 1 = 1. Kp = PiKp)

Ausbildung am Minenfeldfixiergerät (Vermessungsgerät) PFM (Artillerie-Richtkreis PAB 2A), mit dem Periskopaufsatz auch aus einer Deckung heraus verwendbar zum Vermessen und Beobachten.

Der Kdr.-PiB-8. Oberstleutnant Kuhrts mit dem BSA-Zug der Pionierkompanie des PiB-8 nach erfolgreichem Abschneiden beim Divisionsleistungsvergleich der BSA-Züge.

1966 bei der Ausbildung.
Der kleine BSA-Zug der Pionierkompanie des PiB-8 war schon etwas besonderes, denn er bildete die BSA der Division und war ständiges Element der Gefechtsordnung. Ein gleicher Bestand in den Pionierkompanien der Mot.-Schützenregimenter gehörte analog als ständiges Element zur Gefechtsordnung der MSR. In Leistungsvergleichen festigten diese Züge ihre Fertigkeiten. Eine weitere Besonderheit bildete das enge Zusammenwirken mit der Panzerabwehrreserve (PARes) der MSD. Zunächst war dies eine PAK-Batterie des AR-8 und später die Panzerjägerabteilung 8.

Januar 1969 in Rostock beim AR-8.

Oben links: Man interessierte sich auch für die Technik der Partner. Pioniere besichtigen eine PAK 100 mm der Panzerjäger

Mitte rechts: Der Kompaniechef der Pionierkompanie des PiB-8, Frank Rohmann, mit Angehörigen des BSA-Zuges nach der Ausbildung.

PARes und BSA waren so etwas wie die Feuerwehr des Kdr's. zur Abwehr überraschender Panzerangriffe.

Minensperren vor der Feuerstellung halfen der PARes ggf. angreifende Panzer wirkungsvoller zu bekämpfen.

Den Panzerjägern bot ein durch eine Minendetonation bewegungsunfähiger Panzer ein besseres Ziel, als ein schnell auf die Feuerstellung zurollender. Darum verlegten die Pioniere die Minenlinie auch möglichst in der günstigsten Schussentfernung der PAK.

FÜR UNSERE ARBEITER-UND-BAUERN-MACHT

kampfsignal

Nr. 12 März 1969

Höchstleistungen trotz Eis und Schnee

Die BSA bewährt sich

Die BSA hatte zuerst einmal Aufgaben zu erfüllen, die nicht im Inspektionsprogramm standen. Steckengebliebene Fahrzeuge der Armee und Zivilfahrzeuge mußten befreit werden. Die **Pioniere Gramsch, Riemer und Mundt** zeichneten sich dabei aus. Während der Übung wurde bewiesen, daß die BSA gut vorbereitet war. Es erfolgte eine exakte Vermessung des Minenfeldes. Die Dokumentation war aussagekräftig.

Die Leistungen der **Pioniere Streck, Wendt und Mieth** spornten alle Genossen bei der Erfüllung der Aufgaben in Zusammenarbeit mit der PARES immer wieder an.

Anerkennenswert ist die Einsatzbereitschaft des **Stabsfeldwebels Honisch** und **Pioniers Trepsdorf**, sie gewährleisteten, daß technische Mängel sofort an Ort und Stelle beseitigt werden.

PARES mit guten Ergebnissen

Während die BSA des Genossen Aschendorf panzergefährdete Abschnitte sperrt, rammen die Kanoniere der Batterie Schimmel die Holme ihrer Kanonen in den froststarren Boden.

Keine Sicht! Das bedeutet warten! Stunden eventuell!

Die frierenden Kanoniere, brennen auf Einsatz und Bewährung. Sie schlagen zunächst angenommene feindliche Panzer. Der Sturm reißt die Kommandos und deren Wiederholung fetzenweise aus den Mündern. Frostklamme Hände schleppen Munition.

Mit der Sicht kommen die Stunden der Bewährung. Die Note „gut" entlohnt ihren Einsatz.

Oben: Mit Ablösung der SPW-152 durch den LKW URAL erweiterte sich die Transport- und somit die Verlegefähigkeit der BSA beträchtlich. Allerdings ging auch der Schutz des gepanzerten SPW verloren.

Mitte: Weitere neue Technik löste veraltete ab wie die Führungsfahrzeuge SPW 40 P-2 und die MTL-B, oben sichtbar die Kiste mit dem Pioniergerätesatz. Stehend an der geöffneten Klappe der Tarnsatz für das Fahrzeug.

Unten: Eine eher seltene Aufgabe: Bau von Blenden und Aufstellung von Winkelreflektoren zur Raumtarnung.

Hauptmann Arno Treppner und Leutnant Stephan mit ihren „EK's", den Entlassungskandidaten für II/65 der Pionierkompanie.

Die Pionierkompanie des PiB-8. Links Peter Aschendorff und Frank Rohmann.

Einige trafen sich viele Jahre später vor der inzwischen geschlossenen Kaserne. Von rechts: Rohmann, Hoppe, Ringel, Mädlin.

Die Stellungsbaukompanie

In ihr kamen in der Folge die unterschiedlichsten, großen wie kleinen Maschinen und Geräte, zum Einsatz.

1978.
Ein Autobagger E-305 W auf LKW KRAS 214 in Marschlage und im Einsatz mit dem Tieflöffel

Unten:

Li: Der Grabenbagger BTM, lange Zeit nur im Pionierbataillon vertreten, bis er in größerer Anzahl in die Mot.-Schützenregimenter kam.

Re.: Vermessungsarbeit mit dem Nivelliergerät.

Imposant in Erscheinung und Leistung: Universalpioniermaschine DOK der Stellungsbaukompanie.

1966, Bunkerbau durch Kräfte des PiB-8.

Zwei Bunker werden auf Höhe 169,2 errichtet.

1966, Bunkerbau auf dem Truppenübungsplatz Klietz durch Kräfte des PiB-8.

Die Straßenbaukompanie

Sie hatte mit ihren Mitteln als ASB, als Abteilung zur Sicherstellung der Bewegung, auf den Divisionsmarschstraßen zu handeln.

Die Straßenbaumaschine BAT planierte u. a. Wege und beseitigte Hindernisse. Der erste und einzige Brückenlegepanzer des Typs MTU mit 10-m-Brücke in der Division.

BLG-60 beim Ablegen der Brücke mit den einzelnen Phasen von der Marschlage bis zur Brückenablage sowie bei der Parade in Berlin.

Rechts: Zeitweilig besaß das Pionierbataillon 8 als einziger Truppenteil in der Division auch Panzer mit Minenräumgeräten KMT-4 / KMT-5; so lange, bis die Panzereinheiten diese in größerer Anzahl erhielten.

Am Panzer: Die Messersektionen KMT-4. Die schweren Rollensektionen KMT-5 verblieben bis zum Einsatz auf den KRAS-Transportfahrzeugen.

Eine Minenräum--Panzerbesatzung der Straßenbaukompanie

Unten: Die Abteilung zur Sicherstellung der Bewegung auf dem Marsch

1966. Einsatz der Minenräumpanzer mit KMT-5 des PiB-8 zum Räumen scharfer Panzerminen PM-60.

Bevor Sperren und Hindernisse beseitigt werden konnten, hatten sie die Pionieraufklärer oder die Panzer mit den Räumgeräten erst einmal festzustellen. Ggf. beseitigten sie diese auch schon einmal selbst, um weiter aufklären zu können.

Die modernisierte Straßenbaumaschine BAT-M löste die BAT (später zur Unterscheidung oft BAT-1 benannt) nach und nach ab. Zur Besatzung gehörten Fahrer und Kommandant.

Der Nachfolger des sowjetischen MTU: Der Brückenlegepanzer BLG-60 aus DDR-Produktion mit der Brückenlänge von 20 Metern. Hier bei einer der ersten Erprobungen am Panzergraben im Sperrknoten von Ebelgünde, auf dem Truppenübungsplatz Klietz. Die Ablage der Spurbahnbrücke erforderte nur wenige Minuten.

BLG-60 beim Ablegen der Brücke.

Die einzelnen Phasen von der Marschlage bis zur Brückenablage.

In der höchsten Auslage des Brückenpaketes.

Einweisung des BLG-60 zur Brückenablage

Das Brückenpaket hebt ab.

Zunächst ist das Brückenpaket noch geschlossen.

Dann öffnet sich die Brückenschere und die Brücke streckt sich dem gegenüberliegenden Ufer zu.

Weiter öffnet sich die Brückenschere und die arretierte Brücke senkt sich zur Ablage.

Die Brücke ist abgelegt. Der Verlegesporn wird ausgeklinkt.

Steht die Brücke, können auch die anderen Maschinen der ASB wieder den Weg zur nächsten Einsatzstelle antreten. Der BLG setzt als erster über, um ggf. die Brücke schnell wieder aufzunehmen und der Truppe zu folgen. Er wurde daher taktisch auch als Sturmbrücke bezeichnet

Seinen Platz nimmt danach die Begleitbrücke TMM ein, welche das längere Übersetzen der nachfolgenden Technik gewährleistet.

Eines der ersten Fahrzeuge der Begleitbrücke TMM auf Basis des LKW KRAS 214 in Marschlage.

Bereits beim Absenken der Brücke erklimmen die Pioniere bei ca. 45 Grad die Spurbahn, entriegeln die Stütze und arretieren sie in richtiger Lage, lösen die Seile und schaffen Platz für das nächste Verlegefahrzeug.

Ein Satz TMM mit vier Fahrzeugen kam auf eine Brückenlänge von 42 m. Die taktische Bauzeitnorm pro Strecke betrug 10 Minuten.

Wie der Name „Begleitbrücke" besagt, hatten diese Mittel so schnell als möglich, die ASB nach Erfüllung ihrer Aufgabe wieder zu erreichen. Die Brückenstrecken ließen sich also auch jenseits dafür aufnehmen.

Bei Übungen nahte immer der entscheidende Augenblick, für die Pioniere, als auch für die Panzer: Hält die Brücke und der Untergrund allen Belastungen stand?

Nach dem Einsatz: Pflege und Wartung!

Waffenbrüderschaftsreffen, mit einem Vergleichswettkampf der Begleitbrückengruppen.

Bereits bevor die Begleitbrücken TMM dem PiB-8 zugeführt wurden, konnten die Pioniere an den TMM des sowj. Garde-PiB-94 ihre Grundkenntnisse erwerben und den Umgang mit der Technik trainieren.

Stärkung in der Wettkampfpause

Landeübersetzzug/Landeübersetzkompanie

Der Räderschwimmwagen BAW und der Kettenschwimmwagen K-61 (Tragfähigkeit 5 t)

Hier bei der Parade in Berlin.

Bis in die 50-er und 60-er Jahre hinein besaß das PiB-8 erst einen Landeübersetzzug mit Schwimmwagen BAW für nur leichte Lasten und Kettenschwimmwagen K-61.

In der späteren Landeübersetzkompanie befanden sich dann der Kettenschwimmwagen PTS-M und die Gleiskettenfähre GSP-55. Der PTS-M besaß mit 10 t die doppelte Tragfähigkeit gegenüber dem K-61.

Ein PTS-M der Landeübersetzkompanie beim Übersetzen eines LKW URAL und bei der Beladung mit einem LKW LO 1800.

Für den Schwimmanhänger PKP fehlt hier die Ladung.

An Stelle eines Artilleriegeschützes bringt hier der PTS-M das Zugmittel und den Bootshänger des Rettungs- und Sicherungsbootes an das andere Ufer. Der SPW-152 hatte auch kein mit überzusetzendes Anhängergerät.

Mitte: Dafür nahm man PTS-M auch gerne: Transport der Panzerbesatzungen bei der UF der Panzer an der Elbe.

Rechts: Ein Rettungs- und Sicherungsboot der Landeübersetzkompanie des Pionierbataillons 8 beim Einsatz zum Rettungsdienst an einer Übersetzstelle.

Das Pionierbataillon besaß einen Pioniertaucherzug. Die Hauptaufgaben bestanden in der Aufklärung des Flussgrundes von Übersetzstellen sowie in der Rettungs- und Bergungshilfe beim Übersetzen oder auch der Unterwasserfahrt der Panzer.

Rechts: Rettungsübung der Pioniertaucher

Unten: Aufklärung des Flussgrundes einer Übersetzstelle

GSP-Fährenbesatzungen der Landeübersetzkompanie bereiten sich auf das Übersetzen vor.

Mitte:
Eine Halbfähre auf dem Marsch

Unten:
Die Landeübersetzkompanie des PiB-8 bei der Sicherstellung des Übersetzens mittels selbstfahrender Gleiskettenfähren GSP-55.

Gleiskettenfähren GSP vor dem Anlegen. Die Pioniere sind bereit, die Wassertiefe zu messen, da die Fähre für Lasten bis 52 t mindestens 1,1 Meter freies Wasser haben musste.

Ein MT-LB auf der GSP überzusetzen war nur eine leichte Last für sie.

Eigentlich vorgesehene Lasten für die GSP: Panzer - wie hier mit einem Panzer des I. Panzerbataillons vom PR-8.

Die Pontonkompanie des PiB-8 besaß anfangs in Goldberg noch den älteren schweren Brückenpark TPP, mit LKW G5 als Transporter für die Halbpontons. Ausbildung im Fährenbau am See.

Die Pontonkompanie des PiB-8 1966 zur Ausbildung bei Rühstedt an der Elbe.

LKW G5 beim Abwurf der Halbpontons zum Fährenbau

Die Fähre legt an. Das Anlegen an die Bockstrecke erforderte viel Kraft und Augenmaß.

Beladung einer Fähre mit einem LKW G-5 und 57mm-Flak der Flak-Abteilung 8 über die schmalen Auffahrtsrampen.

Hohengöhren an der Elbe: Die Pontonkompanie des PiB-8 beim Bruckenbau.

Ein Kranwagen ADK III im Einsatz für das Verladen von Pontons.

An der Elbe im Winterfeldlager

Offiziere der Pontonkompanie: Oberleutnant Kerstan, Leutnant Dreher, Hauptmann Klaube.

Kombinierter Brückenbau

Die Pontonkompanie des PiB-8 beim Übersetzen mit dem älteren schweren Brückenpark. Er reichte allgemein nicht aus, um mittlere Wasserhindernisse zu überwinden. Teilstrecken mussten mit Behelfsbrücken geschlossen werden.

Für den Bau von Pfahljochen beim Behelfsbrückenbau besaß das PiB-8 in der Zeit mit dem Park TPP auch Rammfähren: RF-60.

Die Pontonkompanie des PiB-8 beim Übersetzen mit dem älteren Brückenpark an der Havel. Die Lücke wird mit einer Spurbahnbrücke auf Pfahljochen geschlossen.

Steht die Strecke, wird die nächste Spurbahnstrecke in Angriff genommen. Rammfähre mit Rammgerüst und Dieselrammen DCB-6 an der Havel bei Göttlin.

Mitte: Verbindungsstelle von Pontonbrücke und Spurbahnbrücke – nicht immer unproblematisch!

Unten: Verladen der Spurbahnen nach einem Brückenbau 1965 an der Saale bei Friedeburg.

Mit Zuführung des in seiner Bauart völlig neuen, moderneren Pontonparkes PMP endete die bisherige, viele Jahrzehnte genutzte Bauweise der Pontons und ihrer grundlegenden Technologie im Fähren- und Brückenbau. Die Anforderungen an den Behelfsbrückenbau traten sowohl damit als auch in Verbindung mit der Einführung von Brückenlegepanzern BLG und Begleitbrücken TMM spürbar zurück. Zwar reichte es an der Elbe immer noch nicht für einen Brückenbau, doch erhöhte sich die Schnelligkeit des Fährenbaues und vor allem die Übersetzkapazität enorm. Großraumfähren aus Pontonzug oder Pontonkompanie als sog. Zug- bzw. Kompanieband bildeten quasi schwimmende Brücken.

Großraumfähre vor dem Anlegen zur Entladung. Gleich geht es unverzüglich zurück zu neuer Beladung und Überfahrt.

Nach dem Übersetzen geht es an den Abbau der Fähren. Mit Muskelkraft holt man die Pontons zur Beladestelle.

Ein Uferteil wird aufgenommen. Mit der Seilwinde des KRAS erfolgte das Zusammenfalten aller Pontons und das Aufziehen auf den jeweiligen Transporter.

Regelmäßig zieht die Masse des PiB-8 in das Sommer- und Winterfeldlager, immer an fließenden Gewässern, die am eigenen Standort fehlen. Herr über die Versorgung und Sicherung ist der Kompaniechef der Sicherstellungskompanie, Hauptmann Schernikau (unten links).

Major Rohmann verteilt Aufgaben.

Mitte rechts: Oberleutnant Brandenburg, Major Rainer Schmidt

Rechts: Clemens Hoppe, Rainer Schmidt, Frank Rohmann.

Ausbildung kongolesischer Offizierschüler der OHS "Otto Winzer" Prora, bei Kehnert an der Elbe 1978.

An der Havel war nun auch durchgehender Pontonbrückenbau möglich. Bei Truppenübungen hatte die Pontonkompanie, oft im Verlauf oder am Ende des Feldlagers der Übersetzeinheiten immer ihr Leistungsvermögen unter Beweis zu stellen. Da führte auch mal der Bataillonskommandeur selbst.

Letzte Aufgabenstellung für die Sicherstellung des Übersetzens bei einer Truppenübung und dann Warten auf den Marschbefehl: Der Kommandeur des PiB-8 ist bereit, die Pontonkompanie an die Übersetzstelle zu führen.

Mit einem Feuerball wird die PoK am Ufer der Havel begrüßt!

Beginn des Brückenbaus.

Die Pontontransporter rollen rückwärts zum Abwurf. Schnell klatschen die Pontons in das Wasser und entfalten sich.

Die Pontons werden nach dem Abwurf von den Pontonieren zu einem Fähren- bzw. zum Brückenglied gekoppelt. Bugsierboote legen an und drücken alles in die Brückenlinie. Diese Minuten höchster Anspannung zeigen, was die Pontoniere im Feldlager gelernt haben.

Das Können und die Kraft der Pontoniere entscheiden nun über den Erfolg des Brückenschlages. Es darf nichts schief gehen. Mögliche Fehlerquellen sollten frühzeitig festgestellt und beseitigt werden, denn der Zeitpunkt für den Beginn des Übersetzens durch die Truppen steht fest.

Letzte Handgriffe der Pontoniere an der Havel und die Brücke steht. Mit dem Kommando „Brücke frei!" kann das Übersetzen beginnen.

Panzer rollen auf der Pontonbrücke über die Havel. Bei ihnen sieht man, welche Last die Brücke und welche Verantwortung die Pontoniere zu tragen haben.

Das war wohl der letzte Panzer der Kolonne oder ein Nachzügler?

Die überzusetzenden Kolonnen sind fast alle durch. Nur vereinzelte Fahrzeuge, welche aus unterschiedlichsten Gründen den Anschluss verpasst haben, werden noch eine Zeit lang die Brücke nutzen können. So kann der Verkehr auch mal entgegengesetzt erfolgen. Für besondere Fälle kann eine Fähre zwischenzeitlich in Bereitschaft bleiben.

Mitte rechts:
Das Brückenkommando hat seine Aufgabe erfüllt.
Rechts vorn: Rainer Schmidt.

Unten:
Das Übersetzen ist beendet! Der Abbau kann beginnen. Rückwärts fährt der KRAS zum Pontonaufziehen ins Wasser.

Pause nach dem Übersetzen: Oltn. Gellert, Hptm. Wulff, Hptm. Strutz (mit Armbinde KÜS = Kdt. der Übersetzstelle) und Oberstleutnant Werner Kuhrts, Kdr.-PiB-8.

Mitte links:
Oltn. Ullrich, Osl. Kuhrts, Hptm. Strutz

Unten:
Als Dank an die erfolgreichen Pontoniere spielt das Divisionsorchester auf.

Dann und wann eine Spezialaufgabe für das Pionierbataillon 8: Pioniersicherstellung bei der Seelandeabwehr und der Seeanlandung von Truppenteilen und Einheiten der 8. MSD, im Zusammenwirken mit der Volksmarine.

Neben der BSA, die Panzerminen am Ufer und im ufernahen Wasser verlegte, hatten die Landeübersetzkompanie und die Pontonkompanie Landeabwehrminen bis zur 5-Meter-Tiefenlinie zu verlegen.

Eine weitere Aufgabe bestand in der Hilfe beim Be- und Entladen der Landungsschiffe am Strand der Ostsee mittels GSP, PMP-Fähren oder als Behelfshafen mit einem „PMP-Anlegesteg".

Juli 1978: Die Landungsschiffe haben festgemacht. Ihr Tiefgang lässt ein Anlegen näher am Ufer nicht zu. Die Landeübersetzkompanie ist bereits im Einsatz. Das Rettungs- und Sicherungsboot ist auf dem Wasser. GSP-Fähren fahren zum Koppeln.

Frank Rohmann bleibt gelassen. Alles läuft zügig.

Die Pontonkompanie rollt an und beginnt mit dem Fährenbau.

Ponton- und Landeübersetzkompanie beginnen mit der Entladung der Landungsschiffe. Panzer, SPW und andere Fahrzeuge rollen von Bord auf PMP- und GSP-Fähren.

Unten rechts:
Ein LKW Ural „betritt" die Pontonfähre von einem Frachter per Schiffskran.

Ein Panzer vom Panzerbataillon des Mot.-Schützenregimentes 29 in Prora verlässt das Schiff und rollt eigentlich recht bequem auf die PMP-Fähre.

Für hervorragende Leistungen bei einem gemeinsamen Beladetraining von den Angehörigen der 1.Landungsschiffsbrigade überreicht.

Prora, Juli 1978

Chef der 1.Landungsschiffsbrigade

i.V. Korvettenkapitän
Jänsch

Die Volksmarine bedankte sich für das gelungene Zusammenwirken bei den Pontonieren und den Pionieren des Pionierbataillons 8 mit einem Erinnerungsbild und einer Widmung

Manöver "Oder-Neiße-69".

Oben:
Meldung beim Bataillonsappell an den Kommandeur des PiB-8, Osl. Kuhrts

Mitte:
Übersetzen über die Warthe bei Murowana Goslina

Rechts:
Der Stabchef des PiB-8, Major Erwin Schallenberg, mit neuer Kopfbedeckung bei "Oder-Neiße-69"!

Oben:

Besuch eines polnischen Soldaten im Unterbringungsraum des PiB-8.

V. li.: O. Strutz, P. Bekter, H. Völter, W. Kuhrts;

r.: E. Schallenberg.

Links:

Putz- und Flickstunde beim K-PiB-8, Oberstleutnant Werner Kuhrts.

Unten:

Bei einem Meeting während des Manövers „Oder-Neiße-69“. Vierter von rechts: Oberstltn. Kuhrts.

Angehörige des PiB-8 beim Besuch der Stadt Poznan im Verlauf des Manövers "Oder-Neiße-69".

Lehrvorführung des Pionierbataillons 8 zu den Einsatz- und Leistungsmöglichkeiten des Pionierbataillons, insbesondere im Zusammenhang mit der Küstenverteidigung, vorgestellt vom Kommandeur des Pionierbataillons 8, Oberstleutnant Kurt Pöpplow.

Rechts:
Oberstleutnant Pöpplow erteilt dem Chef Landstreitkräfte, Generaloberst Stechbarth, den Auskunftsbericht. (oder unterhalten sich hier zwei Jäger?)

Mitte:
Oberstleutnant Pöpplow führt die Besucher zur Tribüne, ein großer Teil von der Volksmarine.

Oberstleutnant Pöpplow erläutert den Aufbau des Pioniersperrsystems an der Küste sowie die Mittel und Möglichkeiten des Pi-8 dafür und nennt die taktisch-technischen Daten der Ausrüstungsgegenstände.

Oberstleutnant Pöpplow, Kommandeur des PiB-8, stellt die Technik des Pionierbataillons vor.

TMM, BLG-60, Autobagger, BAT-M, BLG-60, TMM, Pontonpark PMP, selbst fahrende Fähren GSP-55

BLG-60, TMM, Pontonpark PMP, selbst fahrende Fähren GSP-55, Schwimmwagen PTS-M

Pontonpark PMP, Fähren GSP-55, Schwimmwagen PTS-M, TARA 813 mit Spurverleger VOZOVKY, Fähren GSP-55, Schwimmwagen PTS-M

Ein LKW URAL mit Minenschränken und angehängtem Minenlegegerät MLG-60 beim offenen und verdecktem Verlegen von Übungspanzerminen TM-46

Im Einsatz: Grabenbagger BTM

Im Einsatz: Grubenaushubmaschine MDK-2.

Demonstration im Anlegen von Seelandeabwehrsperren durch Pontonfähren PMP, zum Verlegen der Landeabwehr-Mine PDM-2.
Rechts: Ein Schwimmwagen PTS-M im Einsatz zum Verlegen der Landeabwehrmine PDM-1m.

Schießen mit der persönlichen Waffe gehörte nicht zu den Hauptausbildungszweigen bei den Pionieren. Wenn es darauf ankam, schossen sie aber auch nicht daneben!

FÜR UNSERE ARBEITER-UND-BAUERN-MACHT

kampfsignal

Nr. 12 März 1969

Läufer in die Spitzengruppe aufsteigen.

☆ ☆ ☆

● **Treffsichere Pioniere** sind die Genossen Scholz und Mieth von der Einheit Kuhrts. Beim Inspektionsschießen der 1. Schulübung erzielten sie mit 45 bzw. 44 Ringen die Note „eins".

● **Neue Maßstäbe** setzten die Pioniere **Schabbel, Zühlke, Holz und Bahr von der Einheit Kuhrts.** Sie leisteten eine pualitativ hochwertige Arbeit an der Kfz.-Technik. Sie verließen nicht eher ihre Fahrzeuge, bis alles in bester Ordnung war. Für sie gilt das Motto: Soldatenwort – Soldatentat.

Sondereinsätze

Neben der planmäßigen Ausbildung gab es immer wieder die unterschiedlichsten Sonderaufgaben zu bewältigen. Eine davon war die Unterstützung der Luftstreitkräfte beim Ausbau von Flugzeugdeckungen etc.

Die „Brigade" Ullrich hatte u. a. Pfähle zu setzen und nutzte dafür den Handerdbohrer.

Der Kommandeur des PiB-8, Oberstleutnant Kuhrts bei einem Kontrollgang.

Bei der Unterstützung der Luftstreitkräfte kam natürlich die Pioniertechnik zum Einsatz. Um den Verschleiß in Grenzen zu halten und die tägliche Einsatzbereitschaft zu sichern, hatten die Kräfte des Instandsetzungszuges wie immer ihren Anteil zu leisten.

Zur Erinnerung an den Unterstützungseinsatz des Pionierbataillons 8 für die Luftstreitkräfte der NVA

Sondereinsatz 1966
Arno Treppner mit einem Kommando des PiB-8 beim Behelfsbrückenbau für den zivilen Bedarf, über die DOSSE bei Dessow.

Bevor BLG und TMM Einzug hielten, ging es oft nur so über kleine Wasserhindernisse.

Ein Kommando des PiB-8 unter der Leitung von Frank Rohmann errichtete eine Badestelle am Kortlandesee in Abstimmung mit dem Grenzregiment Schönberg. Der Bürgermeister, Bruno Urban, überbringt zum Abschluss den Dank an die Pioniere. 1. v. l.: Major Wolf Pionieroffizier GR; Major Rohmann; Osl. Fritz Hinz, Kdr-GR. 2. v. l.: Oltn. Rohmann; Major Erwin Born und Major Rudi Wolf vom GR.

Unten: Bei solchen Wintern (insbesondere 1978/79) war alles an Schiebetechnik bis zur Schaufel der Pioniere wochenlang im Einsatz (T-55 TK, Planierraupe T 100)

1973. Bau eines zusätzlichen Unterbringungsgebäudes in der "Artur-Becker-Kaserne" in "Eigenleistung" des PiB-8.

Darin fand danach die Stellungsbaukompanie Platz. Im Parallelbau zog die Pionierkompanie des PR-8 ein.

Die neue Unterkunft ist fertig gestellt – nicht schön aber endlich mit mehr Platz für die Pioniere.
Auch für das Baukommando winkte nun wieder eine etwas militärischere Aufgabe.

So sah die ehemalige „Artur-Becker-Kaserne“ im Juni 2005 aus: Klubhaus und Eingang zur Kaserne. Dahinter der beginnende Urwald.

Rechts und links die ehemaligen Unterkunftsblöcke des PiB-8.

11. 06. 2005. Das ehemalige Parkgelände für die Technik des Pionierbataillons 8 und in Verlängerung das des Panzerregimentes 8

Links:
Das OvP-Häuschen (Offizier vom Parkdienst), damals die Eingangskontrolle zum Park des Pionierbataillons 8.

Unten:
Links an der Straße die ehemalige Tribüne für die Abnahme des Vorbeimarsches. Darin eine Birke, haushoch!

Öffentlichkeitsarbeit

Truppenbesuch im PiB-8.

An der Station der Pontonkompanie Meldung von Oberfähnrich Hoffmann.

Rechts: der Kommandeur des Pionierbataillons 8, Oberstleutnant G. Müller.

Bernd Neumann und Arno Treppner mit Gästen am Besichtigungspunkt der Straßenbaukompanie.

Oben:
Oberleutnant Buchloh im Gespräch mit dem ABV der Volkspolizei sowie dem Bürgermeister und dem LPG-Vorsitzenden der Patengemeinde Dobbertin

Mitte:
Der Kommandeur des PiB-8, Oberstleutnant Werner Kuhrts, auf einer Versammlung der Pontonkompanie.

Unten:
Sport im Pionierbataillon 8: Sport gab es in der Dienstzeit als die so genannte MKE, die Militärische Körperertüchtigung. Sport wurde aber auch in der Freizeit in unterschiedlichster Weise betrieben, u. a. als Freizeitkicken hinter dem Unterkunftsblock des PiB-8.

07. 10 1974, Arno Treppner mit seiner Mannschaft

03. 06. 1975. Wettkampfsieger die Mannschaft des Stabes des PiB-8, mit 9 : 1!

Von li.: Ullrich, Treppner, Kurajew, Rademacher, . . ., Krause, Baldy;

unten: Kater, . . ., Brandenburg.

Tauziehen! Immer ein Spaß. An Ankertauen mangelte es im Pionierbataillon ja nicht.

Im Winter zog man Sport in warmen Mauern vor.

Neben den üblichen Sportarten gab es auch echte Pioniersportwettkämpfe

Sonntägliches Radrennen am Eingang zur „Artur-Becker-Kaserne"

Im Sommer sehr beliebt: im und auf dem Goldberger See. Pontonrudern mit Resten vom Pontonpark LPB war ein besonderes Vergnügen.

Sportfest des Pionierbataillons 8 auf der Sportanlage in Mestlin.

Der Einmarsch der Sportler beginnt.

Einmarsch des Pionieraufklärungszuges von Günter Mädlin

Und alle möchten auf das Treppchen!

Oberstleutnant Werner Kuhrts überreicht die Siegerurkunde an StFw. Rademacher.

Ein Erinnerungsfoto der Sieger mit dem Bataillons-kommandeur.

Glückwünsche des Kommandeurs für den 1. Platz

Glückwünsche des Kommandeurs für die nächsten auf dem Podest

Der Kommandeur hat den Dienstanzug gewechselt. Tritt er nun selber zum Wettkampf an?

Unten:
Arno Treppner, als StKA des PiB-8, auch Vorsitzender der ASG Goldberg II, beglückwünscht erfolgreiche Sportler beim Sportfest des Pionierbataillons 8.

Freizeit

Bataillonsfestlichkeiten, immer eine willkommene Abwechslung vom Dienstalltag.

Auf Exkursion

In Dresden

in Schwerin

StFw. Buhlmann, Günter Mädlin, Erich Schmidt, Hannes Stroht, Arno Treppner

Mädlin, Hammerschmidt, Schröder, Buhlmann, Hoffmann, Treppner; Bekter, Reiß

Von links: Reiß, Schönau, . . ., Treppner, Buhlmann

Bataillonsfest

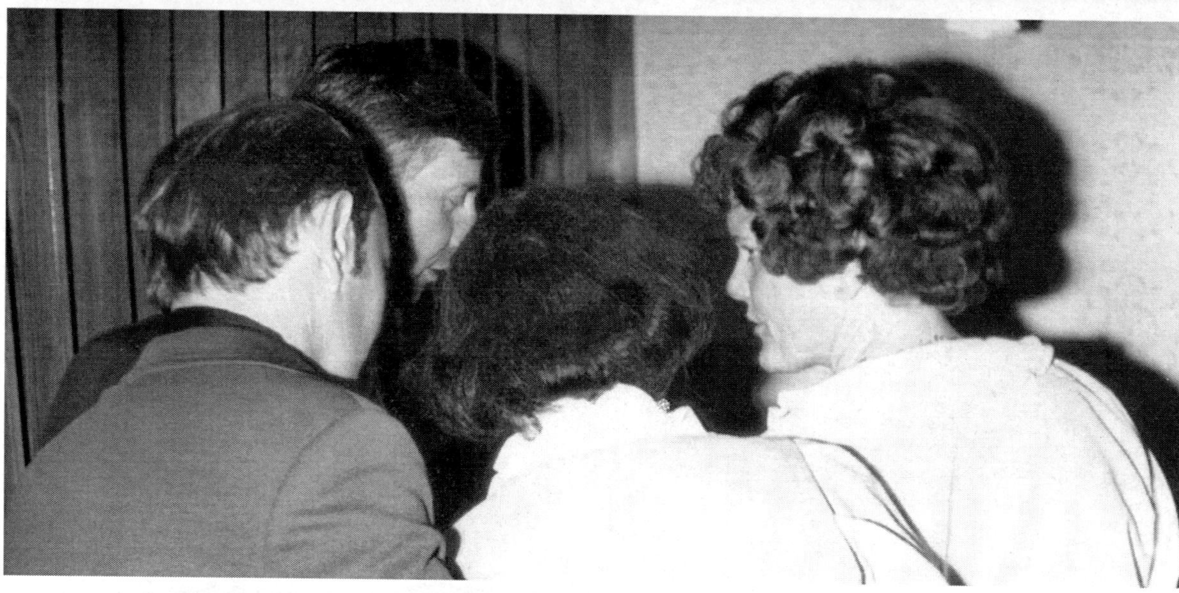

Familie Baldy mit Familie Treppner

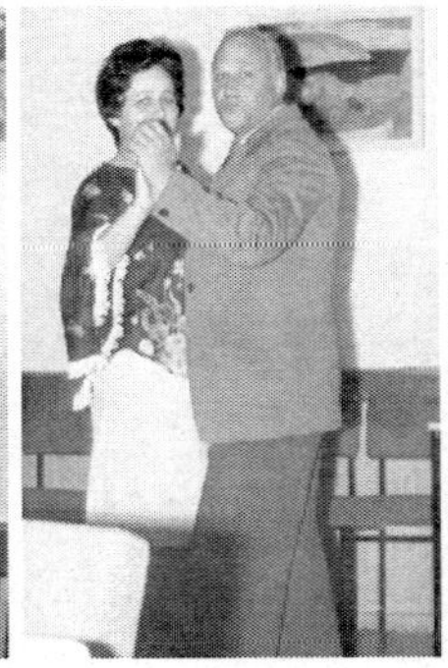

Familie Baldy mit Familie Familie Müller

Beim Tanz: Arno Treppner und Gattin sowie Rudi Hinz

„Hoch die Tassen"!, meint Frau Kohnert.

- während der Zeit in Hagenow

Die **„Ernst-Moritz-Arndt-Kaserne"** mit den ehemaligen Unterkunftsblöcken des Pionierbataillons 8 (vorn) sowie von Mot.-Schützenregiment 29 und Aufklärungsbataillon 8 unmittelbar nach der Wende.

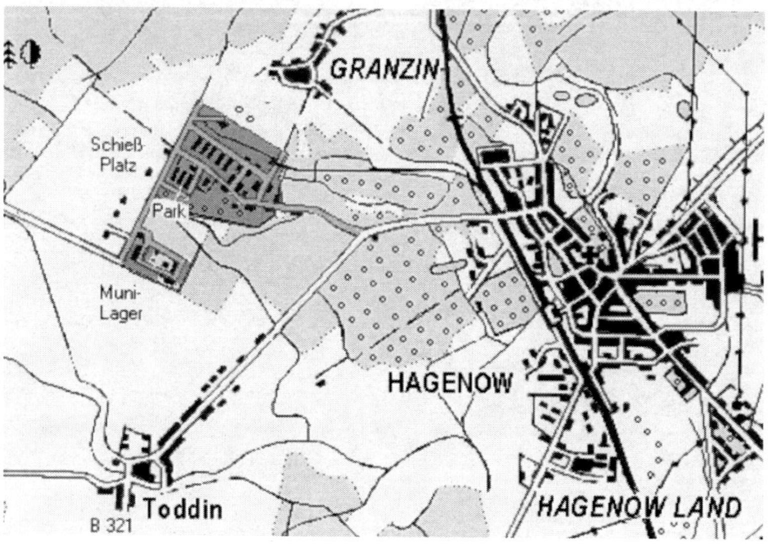

Lage der „Ernst-Moritz-Arndt-Kaserne"

Die Einfahrt zur Kaserne. Links: der Klub, Mitte: die Sporthalle,
hinten: Die MHO (Militärhandelsorganisation) mit Verkaufsstelle.

Die „Ernst-Moritz-Arndt-Kaserne" im Jahr 2005

Sie ist wohl die einzige Kaserne der NVA, die ihren Namen behielt. Nach der Übernahme durch die Bundeswehr begann eine umfangreiche Sanierung. Zum Zeitpunkt dieser Aufnahmen am 24. 06 2005 hatten lediglich der Klub und das ehemalige Gebäude des Aufklärungsbataillon 8 noch ihr altes äußeres Aussehen.

Links:
Das ehemalige Stabsgebäude von Mot.-Schützenregiment 29 und Pionierbataillon 8.

Das war einmal der Unterkunftsblock des Pionierbataillons 8.

Blick aus Richtung Gefechtspark mit dem noch nicht sanierten ehemaligen Block des Aufklärungsbataillons 8.

Unten:
Der ehemalige Lehrgefechtspark des Pionierbataillons 8.

Links: Auf dem ehemaligen Lehrgefechtspark des Pionierbataillons 8. An der Front der Hallentüren noch erkennbar der Schriftzug: WERKSTATT.

2. Reihe: Blick zum/auf den ehemaligen Gefechtspark des Pionierbataillons 8.

3. Reihe: Die ehemalige Unterkunft des AB-8 und das ehemalige Lehrgebäude.

3. Reihe: Der gepflegte Sportplatz und das ehemalige MHO-Gebäude, jetzt Gaststätte der OHG/UHG (Offiziers-/Unteroffiziersheimgesellschaft).

Der Kommandeur des Pionierbataillons 8 in Hagenow (1981/82), Major Rainer Peche (vorn, 3. v. l.).

Major Rainer Peche verlässt 1982 das Bataillon.

Mitte:
Auf dem Weg zum Appellplatz der Kaserne. Die Einheiten marschieren zum Übergabeappell.

Unten von links:
Major Peche; Major Rohmann, StKSC, nun mit der Führung des Pionierbataillons 8 beauftragt, Major Mertens, StKA und Oberstleutnant Biewald, Leiter Pionierwesen der 8. MSD und Leitender der Übergabe.

Oben:
Beim Übergabeappell.
Major Peche; Major Rohmann, StKSC., nun mit der Führung des Pionierbataillons 8 beauftragt, Major Mertens, StKA und Oberstleutnant Biewald

Im Dienstzimmer des Kommandeurs, mit der Vitrine der Truppenfahne.

Major Frank Rohmann, StKSC des Pionierbataillons 8, für drei Monate vor seiner planmäßigen Versetzung Ende 1982 noch mit der Führung als Kommandeur des Bataillons beauftragt.

Frank Rohmann

Vom Unterleutnant und Zugführer bis zum Major und Kommandeur mit kleinen Unterbrechungen im Pionierbataillon 8.
Je schwerer die Schulterstücke wurden, umso weniger belasteten ihn die Haare!
Gibt es da einen Zusammenhang??? Aber ansonsten hielten sich die Änderungen in Grenzen!

Bei der Verabschiedung von Frank Rohmann, langjähriger Angehöriger des Pionierbataillons 8, zuletzt StKSC und für 3 Monate mit der Führung als Kommandeur beauftragt.

Major Wolfgang Beckmann, (2. v. l.) übernahm Ende 1982 das Pionierbataillon 8. Er führte es zum besten Pionierbataillon der LaSK im Jahr 1986.

Links: Beim Bataillonsappell zum Jahrestag der DDR verliest Hauptmann Wuttig, StSC, den Befehl über Beförderungen Auszeichnungen und Belobigungen. Major Rohmann und Major Neumann stehen bereit, allen zu gratulieren, die dafür vortreten dürfen. Es ist nach vielen erfolgreichen Jahren im Pionierbataillon 8 eine der letzten Amtshandlungen von Major Rohmann, bevor seine planmäßige Versetzung Gestalt annimmt.

04. 01. 1986

Übergabe des Pionierbataillons 8 von Oberstleutnant Wolfgang Beckmann an Major Eduard Weber, bisher StKSC.

Der Kommandeur der 8. MSD, Generalmajor Hans Unterdörfel, bestätigt das Übergabeprotokoll.

Am 04. 01. 1986, Verabschiedung von Oberstleutnant Wolfgang Beckmann aus dem Pionierbataillon 8.

Neuer Kommandeur Major Eduard Weber und alter Kommandeur, Oberstleutnant Wolfgang Beckmann, gleichzeitig designierter LPiW der Division, mit den Einheitskommandeuren des Pionierbataillons 8: Giermann, Wien, Hoffmann, Schumann, Greßler und Langer.

Unten: Neuer und alter K-PiB-8 mit Führung des Pionierbataillons und dem bisherigen Leiter Pionierwesen der 8. MSD, Oberstleutnant Biewald (2. v.r.)

Eduard Weber, letzter Kommandeur des Pionierbataillons 8 bis zu dessen Übergabe an die Bundeswehr und der Auflösung des Bataillons.

Mitte:
Die Stellvertreter des Kommandeurs mit Übernahme des Pionierbataillons 8 durch Major Weber als Kommandeur: Gerhard Mertens, StKA; Fred Jahnke, StKSC; Reinhard Nitze, StKTA

Unten:
Oberstleutnant Weber mit seiner späteren Führung.

Appell des Pionierbataillons: Einmarsch des Fahnenkommandos mit der Truppenfahne des Pionierbataillons 8 und dem Ehrenzug zum feierlichen Appell auf dem Gelände des Lehrgefechtsparkes vom Bataillon.

01.03.1984, Tag der Nationalen Volksarmee: Bataillonsappell des Pionierbataillons 8 und Vorbeimarsch zum Abschluss des Appells.

1982. Der erste Besuch des Chefs Pionierwesen der Landstreitkräfte, Generalmajor Pankau, in Hagenow.

Den CPiW begleitet Oberst Niebuhr, StKRD-8. MSD (li). Rechts vom CPiW: Major Hammerschmidt, StKTA; Major Rohmann, K-PiB mdFb. und Oberstleutnant Biewald, LPiW MSD.

Links, mit dem StKTA, Major Hammerschmidt.

Rechts: Auf dem Park meldet ihm der OvP, OFw. Pötsch.

Links: In der Werkstatt des Pionierbataillons 8.

Rechts: Rundgang auf dem Park

Blick in alle Ecken

Erste Auswertung der Kontrolle

6. Oktober 1984: Soldatenball anlässlich des 25. Jahrestages der Verleihung der Truppenfahne an das Pionierbataillon 8 und des 30. Jahrestages der DDR. Die Führung des PiB-8 und Gäste: Osl. Beckmann, Osl. Hinz, Osl. Biewald, Major Kohnert und Major Hammerschmidt mit ihren Gattinen.

Lange hatte es gedauert. Zwar recht spät, doch endlich war es dann soweit. Das Traditionszimmer des Pionierbataillons 8 stand! Major Weber manifestierte es durch das Eindrehen der „letzten Schraube"!

Die „Einrichter" leisteten eine gute Arbeit. Hauptmann Kuhn (re.) zählte dazu.

Im Traditionszimmer des Pionierbataillons 8:

Hauptmann Kuhn, Major Weber, Major Lorenz, Fähnrich Packusch, Major Schernikau.

Appell des Pionierbataillons 8 zum Ende des Ausbildungsjahres 1985.

Der Kommandeur der 8. MSD, Generalmajor Unterdörfel und der Leiter Pionierwesen der 8. MSD, Oberstleutnant Biewald, beglückwünschen die für besondere Leistungen ausgezeichneten Angehörigen des Bataillons.

11.02.1986
Besuch des rumänischen Militärattaches, Oberst Mihai Burbulea, im Pionierbataillon 8, in Vorbereitung der Namensverleihung an das Bataillon.

Dabei: Oberstleutnant G. Saß, Major U. Wuttig, Oberst Müller, Oberstleutnant D. Biewald, Major B. Neumann

Den Ehrennamen „Tudor Vladimirescu“ und damit gleichlaufend einen ausländischen Namen als erster Truppenteil der 8. MSD, erhielt das Pionierbataillon 8 am 28. 02. 1986.

Der Kommandeur der 8. MSD, Generalmajor Unterdörfel, begrüßte den Botschafter der Republik Rumänien, Georghe Caranfil, zur Verleihung.

Der Kommandeur der 8. MSD, Generalmajor Hans Unterdörfel und der Botschafter der Republik Rumänien, Georghe Caranfil hefteten die Namensschleife an die Truppenfahne des Pionierbataillons 8.

Beide beglückwünschen den Bataillonskommandeur des PiB-8 zur Verleihung des Ehrennamens.

Danach schreiten der Kommandeur der 8. MSD, der Botschafter und der Kommandeur des Pionierbataillons 8 die Front des angetretenen Bataillons ab.

Der Botschafter hält eine kurze Ansprache an das Pionierbataillon 8

Major Weber, Kommandeur des Pionierbataillons 8, spricht auf dem feierlichen Appell nach der Namensverleihung zu den Pionieren seines Bataillons.

Im Anschluss an das Zeremoniell begaben sich Kommandeure, Führung und Gäste zur Einweihung der Ehrentafel vor dem Unterkunftsblock des Pionierbataillons.

Es entstand das neue Logo, der neue Wimpel und der neue Fotostandort für Erinnerungen an den Dienst im Pionierbataillon 8.

Die Schweriner Volkszeitung berichtete am Folgetag über die Namensverleihung.

Der neue Fotostandort

Soldatenball am 28.02.1986 im großen Saal des Klubhauses der „Ernst-Moritz-Arndt-Kaserne" anlässlich der Verleihung des Ehrennamens „Tudor Vladimirescu" an das Pionierbataillon 8 sowie des 30. Jahrestages der NVA.

Bei der Bekanntgabe der Gewinner der Tombola: Major Bernd Neumann, StKPA; Oberstltn. D. Biewald, (am letzten Tag als LPiW der 8. MSD) sowie Major Eduard Weber, Kdr. PiB-8.

Bataillonsfest anlässlich des 30. Jahrestages des Pionierbataillons 8 am 7. Juni 1986.

2./3. v. L.: Fam. Neumann, rechts Oberstleutnant W. Beckmann.

Mitte: als Gast dabei: Oberstleutnant d. R., D. Biewald, mit Gattin.

Oben links:
Oberstleutnant Beckmann, Leiter Pionierwesen der 8. MSD.

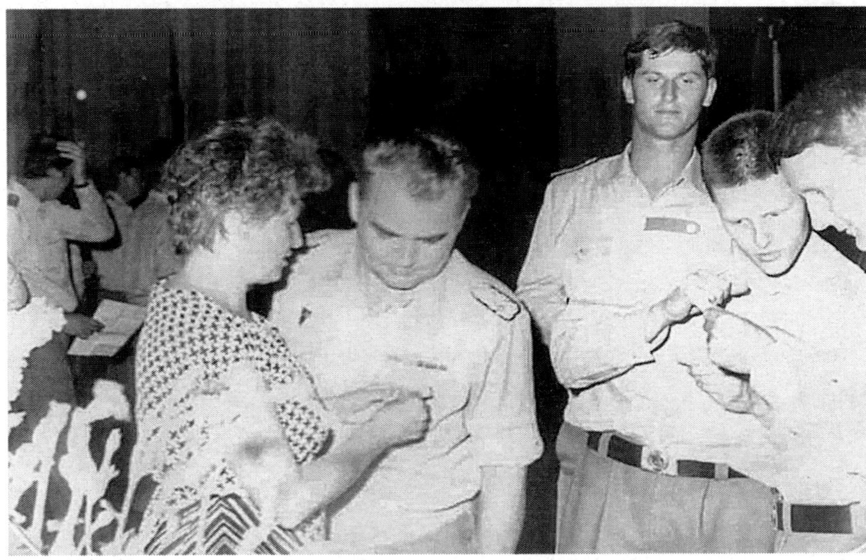

Und wieder einmal geht es um Lose und Gewinne. Frau Erika Biewald bei der Ziehung von Gewinnen.

Anlässlich des Bataillonsfestes stellte man auch das neue Traditionszimmer des PiB-8 vor. Mit großem Interesse betrachteten danach nicht nur die Angehörigen des Pionierbataillons, was an Modellen, Übersichten etc. geboten wurde. Auch die Gäste, die Ehefrauen und Freundinnen konnten auf diese Weise etwas mehr über das Bataillon sowie die Tätigkeiten ihrer Ehemänner und Freunde erfahren.

Unten:
Oberstleutnant Biewald und Oberstleutnant Beckmann beim Eintrag in das Gästebuch.

Die Pionierkompanie

des Pionierbataillons 8 hatte auch im Objekt Hagenow ihre Hauptbetätigung bei der Ausbildung im Spreng- u. Sperrdienst wie bisher zu erfüllen.

Für Sprengaufgaben im Feldeinsatz führte die Kompanie in den Pioniergerätesätzen auf dem PiKW und den MTL-B auch Spreng- und Zündmittel in begrenztem Umfang mit. Erforderlichenfalls konnten sie aus dem mitgeführten Truppenvorrat des Pionierbataillons neben Sprengstoff in den genormten Formen (Bohrpatrone 70 g, Sprengkörper 200 und 400 g usw.) auch Spezialladungen (Hohlladungen, gestreckte Ladungen etc.) erhalten.

Sprengstoff diente u. a. dazu, Sperren und Hindernisse zu beseitigen. Mit den gestreckten Ladungen hatten die Pioniere die Möglichkeit, Gassen in Minensperren zu schaffen. Minensperren aufzuklären und Minen aller Art unschädlich zu machen, bildete aber auch immer eine Aufgabe manueller Tätigkeit. Dafür gab es neben den elektronischen Minensuchgeräten immer noch das einfache Minensucheisen. Aufgefundene Minen beseitigte man auf unterschiedliche Art und Weise. Schützenminen, heute Antipersonenminen genannt, durften wegen ihrer Empfindlichkeit nicht aufgenommen werden. Sie wurden gesprengt. Bei Panzerminen gab es die Möglichkeit, den Zünder zu entfernen oder ihn per Seilzug mit dem Minenhaken aus dem Minensuch- und Räumsatz KR erst aus dem Boden herauszureißen. Gegen Wiederaufnahme gesicherte Minen detonierten dann. Nicht detonierte Panzerminen ließen sich dann manuell entschärfen.

Die wesentliche Ausbildungsaufgabe der Pionierkompanie bestand darin, Sperren in der Verteidigung anzulegen. Dabei handelte es sich fast ausschließlich um Panzerminensperren. Diese konnten sowohl auf althergebrachte Weise manuell als auch mechanisch mittels Minenlegegeräten verlegt werden. In meiner langen Dienstzeit habe ich nicht ein einziges Mal in der Ausbildung eine scharfe Schützenmine verlegt. Schützenminenfelder anzulegen kam auch in Übungsplanungen nie vor.

Auch das Anlegen von Panzerminensperren im beweglichen Gefecht bildete eine wichtige Aufgabe für den Fall gegnerischer Angriffe. Es blieb die Hauptaufgabe der Pionierkompanie mit der Beweglichen Sperrabteilung.

Die Aufgabe der Beweglichen Sperrabteilung als Element der Gefechtsordnung der Division im Rahmen der Seelandeabwehr an der Küste blieb weiterhin als eine spezielle Ausbildungsaufgabe bestehen. Das Besondere daran: das Verlegen von Panzerminen am Strand und im Wasser, teils in unmittelbarem Zusammenwirken mit der Pontonkompanie und Landeübersetzkompanie, deren Aufgabe es dann war, Seelandeabwehrminen im tieferen Wasser zu verlegen.

Zugmittel URAL mit Minenlegegerät MLG-60 beim offenen Verlegen der Minen.

An der Küste: Einsatz der Beweglichen Sperrabteilung (BSA) mit zwei Fahrzeugen auf dem Strand und dem dritten im flachen Wasser bis 1 Meter Wassertiefe. Der LKW URAL besaß eine Wattiefe bis 1,5 Meter.

Wasserwärts des 3. LKW, ein PTS-M beim Verlegen von Seelandeabwehrminen.

Beim Verlegen von Panzerminen an der Küste im Rahmen der Seelandeabwehr hatte die BSA große Abschnitte in kurzer Zeit zu sperren. Als „zusätzliche BSA" bot sich der Einsatz der Minentransportfahrzeuge an, versehen mit einfachen Minenrutschen zum offenen Verlegen der Minen.

Die Stellungsbaukompanie des PiB-8 im Einsatz.

Der Autobagger E 305-W besaß z. B. mit dem Tieflöffel bei ca. 40 Kubikmetern pro Stunde zwar nur ein relativ geringes Leistungsvermögen. Sein Einsatz jedoch war vielfach unverzichtbar. Er konnte auch im Hochlöffelbetrieb arbeiten, was jedoch selten genutzt wurde, genauso wie die Möglichkeit, als Kran zu dienen. Eines ging leider nur, obwohl Krantechnik begehrte Mangelware war wie auch die Kipper der Stellungsbaukompanie.

Die Universalpioniermaschine DOK-M

Sie besaß ein erheblich größeres Leistungsvermögen als beispielsweise ein Autobagger. Sie konnte sogar auf relativ kleinem Raum ordentlich wühlen!

Ehemalige Fahrer und Kommandanten der DOK zeigen auch heute noch berechtigten Stolz auf ihre Maschine und damit erbrachte Leistungen, denn diese waren nur möglich, wenn sie ihre DOK auch beherrschten. Da stellte das Maschinchen keine geringen Ansprüche, sowohl bei der Arbeit als auch im Fahrbetrieb bei längeren Landmärschen.

Feldwebel H-J. Kohtz mit seiner DOK bei der Ausbildung

Feldwebel H-J. Kohtz mit seiner Uni versalpioniermaschine DOK im Wintereinsatz.

DOK und E 305W hatten u. a. ihr Betätigungsfeld beim Ausbau von Deckungen des Divisionsgefechtsstandes sowie beim Herstellen der Beobachtungsstellen des Divisionskommandeurs, wie hier an der Elbe.

Die Grubenaushubmaschine MDK-2M.

Legte sie los, flogen zwar nicht die Fetzen aber allerhand an Erdreich durch die Luft. Zu große Steine konnten ggf. den Rotor verkeilen und das Aggregat beschädigen.

Für das Bearbeiten von Auswurf und Planum der ausgehobenen Grube besaß die MDK zusätzlich ein Planierschild.

Ihre Unterstützung beim Anlegen von Stellungen und Deckungen hätte natürlich gern jeder Truppenteil in der Division in Anspruch genommen. Ihr Einsatz beschränkte sich aber immer auf Schwerpunkte, sprich für besonders große Arten von Kampftechnik.

Das war auch eine Aufgabe der Stellungsbaukompanie: Die Wassergewinnung und –aufbereitung zur Trinkwasserversorgung der gesamten Division. Die Wasserfilterstation WFS-3M im Container, transportiert auf dem Sattelauflieger TATRA 148.

Der Wasserversorgungspunkt ist einsatz- und abgabebereit.

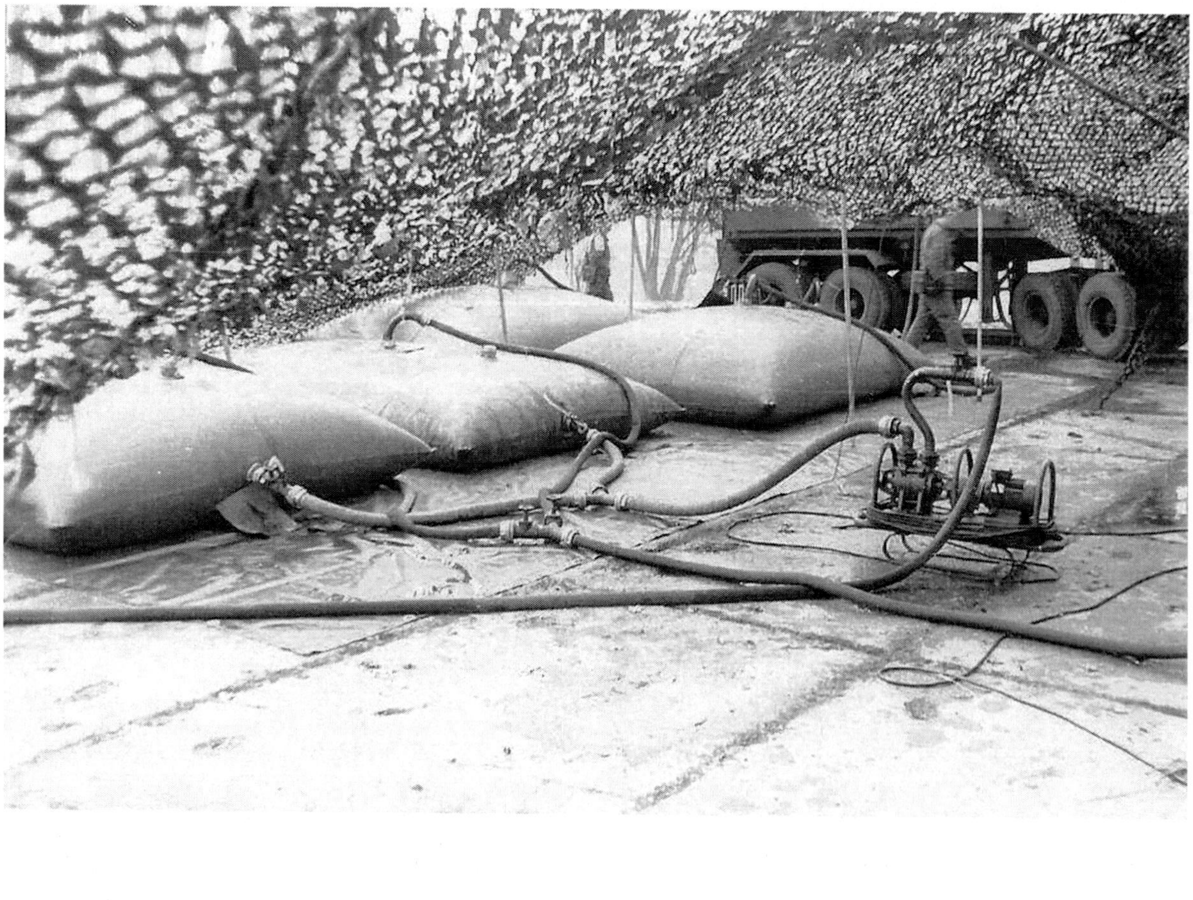

Über mehrere Jahre im Pionierbataillon 8: Der Grabenbagger BTM, bis mit Zuführung einer größeren Anzahl dieser Maschinen, alle in den Bestand der Pionierkompanien der MSR übergingen.

Die Pioniermaschine SL-34 aus polnischer Produktion. Sie sollte die DOK ablösen, war zwar weniger kompliziert als die DOK aber auch nicht so leistungsfähig.

Die Straßenbaukompanie des PiB-8

Das Betätigungsfeld der beiden Züge der Straßenbaukompanie war das Handeln als ASB, als Abteilung zur Sicherstellung der Bewegung, der Division.

Solche „Straßen" = Kettenmarschstraßen gehörten dazu.

Die Straßenbaumaschine BAT-M in Marsch- und Arbeitslage

Parktag an einem Bergepanzer TK. Er ersetzte teilweise den nie zugeführten Pionierpanzer in der Straßenbaukompanie.

Der SPW-40P2 des 2. Zugführers der Pionierkompanie.

Der Tatra 813, ein sehr geländegängiges Fahrzeug, verlegte den VOSOVKY-Teppich", die aus Metallgliederplatten bestehenden Spurbahnen.

Rückwärts fahrend benutzte er sie dabei zunächst selbst, als Träger seiner eigenen Last.

Unten:
ASB-Zugführer Dirk Wegner als Leutnant und als Oberleutnant

Die Straßenbaukompanie des PiB-8 bei der Ausbildung auf dem Standortübungsplatz Hagenow.

Rechts:
Verlegen einer Begleitbrücke TMM, hier als Uferbrücke, ohne weitere Stützen.

Unten rechts:
Parktag; Wartungsarbeiten an der Begleitbrücke TMM durch den Fahrer des Brückenfahrzeuges KRAS 255

Mehrgliedriges Verlegen der TMM: Drei Fahrzeuge der Begleitbrückengruppe besaßen dafür ausklappbare Stützen. Die 4. TMM kam als Uferbrücke oder als letztes Brückenglied zum Einsatz.

Beim Verlegen einer zweiten Begleitbrückenstrecke. Die Pioniere kletterten bereits auf die noch sehr steilen Spurbahnen, um Zeit zu sparen bei ihren Handlungen wie dem Ausklinken der Tragseile und dem Lösen der Unterstützungen am Ende der 10,5 Meter langen Spurbahnen.

Die Brücke steht! Die Pioniere bringen die Abfahrtsrampen zum Brückenende. Das Übersetzen kann beginnen.

Minutenschnell:

Der Brückenlegepanzer BLG-60 der StBK bei der 20 Meter langen Brückenablage.

Um breitere Hindernisse überwinden zu können, modernisierte man ihn zum BLG-60M, u. a. mit breiterem Ablagesporn, um auf dem ersten Brückenteil die nächste Spurbahn verlegen zu können. Im Doppelpack der BLG-60M konnten so insgesamt bis zu 30-35 breite Hindernisse überwunden werden.

Links: Der BLG als Übergang zu einer Pontonbrücke PMP, falls der Bestand der Pontonkompanie für die vorhandene Flussbreite nicht reichte.

Die Landeübersetzkompanie des PiB-8 bei der Sicherstellung des Übersetzens: Der PTS-Zug der Landeübersetzkompanie des PiB-8 auf dem Marsch und im Ausgangsraum im Hinterland, wo das Aufnehmen der in der ersten Welle überzusetzenden Fahrzeuge erfolgte. Da von der Erst-Beladung der PTS-M bis zum Wasserhindernis noch ein ganzes Stück Wegstrecke unter Last zu überwinden war, kam der Sicherung der aufgenommenen Technik besondere Bedeutung zu. Erst dann konnten die Ladeklappen geschlossen und die Marschbereitschaft hergestellt werden.

Oben:
Mit Vollgas ging es nach der Entladung des PTS-M zurück, um erneut ein Fahrzeug aufzunehmen.

Rechts:
Gern gesehen aber eigentlich nicht die Aufgabe der LÜK: Verstärkung des Rettungsdienstes bei der Unterwasserfahrt der Panzer.

Unten:
Eine regelmäßig wiederkehrende Aufgabe: Die Landeübersetzkompanie des Pionierbataillons 8 beim Anlegen von Landeabwehrsperren in der Ostsee im Rahmen der Seelandeabwehr, solange das MSR-28 noch zur 8. MSD gehörte und diese Aufgabe zu erfüllen hatte. Schwimmwagen PTS-M mit Seeausrüstung hatten bei der Ausbildung Übungs-Landeabwehrminen PDM-1M Üb gewöhnlich bis zu einer Wassertiefe von 1,5 m zu verlegen. Das geschah in der Regel im Zusammenwirken mit der Beweglichen Sperrabteilung.

22

22
23

13

Eine Landeabwehrmine PDM-1M Üb rutscht vom Heck des Schwimmwagens PTS-M über die Minenrutsche in das Wasser.

Der GSP-Zug der LÜK mit seinen Gleiskettenfähren GSP-55 hatte im Gegensatz zum PTS-Zug die Aufgabe, Kettenfahrzeuge bis 52 t überzusetzen. Der Zugführer des GSP-Zuges, Stabsfähnrich Jürgen Kurz, mit seinem Nachfolger Leutn. Roman Klatt.

Nachfolgend: Der GSP-Zug der Landeübersetzkompanie mit seinen GSP-Halbfähren auf dem Weg zum Einsatzort.

Diese GSP-Halbfähren erklimmen mühelos einen Deich auf dem Weg zum Wasser.

Die GSP-Halbfähren sind gekoppelt und beginnen mit dem Ausklappen ihrer Pontons

Die GSP-Fähre ist bereit. Pioniere in Wasseranzügen haben die GSP beim Anlegen fest zu machen. Beladen mit einem Panzer geht es zum jenseitigen Ufer.

Eine GSP hat einen MTL-B übergesetzt, der um einiges leichter als ein Panzer war. So konnte die Fähre unmittelbar Ufer anlegen. Für Panzertransporte brauchte sie dagegen 1,1 bis 1,2 m tiefes, freies Wasser.

Pioniertaucher waren stets dabei. Stefan Fritsche mit dem Pioniertaucherzugführer Hptm. Uwe Oelsch. Die Pioniertaucher hatten u. a. die verantwortungsvolle Aufgabe, vor dem Einrichten der Übersetzstellen den Flussgrund aufzuklären und vorhandene Sperren und Hindernisse im Gewässer zu beseitigen. Sie konnten per Boot, per Hubschrauber oder direkt mit den Fahrzeugen der Pionieraufklärer zum Fluss vordringen.

Die Pontonkompanie auf dem Marsch zum Wasserhindernis. Übersetzeinheiten marschierten im Bestand der Marschkolonnen der Division und hatten aus der Bewegung heraus die Übersetzstellen immer zeitgerecht einzurichten, um die nachdrängenden Kolonnen zeitlich wie geplant überzusetzen.

Die LKW's haben sich am Fluss entfaltet, bereit zum gleichzeitigen Zuwasserbringen der Pontons, wofür nicht immer Raum genug war. Reichte dieser nicht, hatten die Fahrzeuge nacheinander abzuwerfen.

Der Pontontransporter KRAS fährt rückwärts in das Wasser. Durch Abbremsen des LKW gleitet der Ponton zu Wasser. Ein Pontonier ist dabei bereit zum Ausklinken des Pontons. Er hält die Dämpferleine, um den abgeworfenen Ponton zu halten, bevor er zum Koppeln eingeschwenkt werden kann.

Unten: Das passierte, wenn zum Abwurf des Pontons statt der Fußbremse das Gaspedal betätigt wurde. Es geschah immer mal und ließ die Pontoniere kalt wie das Wasser.

Auch die Bugsierboote mussten zeitgleich zu Wasser und sofort an die Fähren koppeln bzw. nach Ende des Übersetzens wieder aus dem Wasser, bei ungünstigem Flussgrund manchmal nicht gerade einfach. Mitte: Ein BMP des I. MSB/MSR-27. Wohl ein Nachzügler, denn die PoK ist bereits am Fluss.

Fährenübersetzen übr die Elbe für das MSR-28 im Februar 1984. Konzentration und Schwerarbeit sind nötig, um abgeworfene Pontons zu verriegeln, zum Band zusammenzuziehen und zu koppeln.

Für den Schutz des Friedens und des Sozialismus!

SOLDATENWORT

POLITABTEILUNG VERBAND UNTERDÖRFEL

3/1982

65 Jahre Roter Oktober
60 Jahre Sowjetstaat

Abschlußüberprüfung
MILITÄRISCHE MEISTERSCHAFT – SOLDATENTAT FÜR UNSEREN STAAT!

Zwei Fragen an den Kommandeur Oberst Unterdörfel

Wie schätzen Sie, Gen. Oberst, die bisherigen Ergebnisse in der politischen und Gefechtsausbildung ein?

In den zurückliegenden Wochen und Monaten des 2. AHJ 1981/82 haben die Soldaten, Unteroffiziere, Fähnriche, Offiziere und Zivilbeschäftigten unseres Verbandes ihre ganze Kraft eingesetzt und große Anstrengungen unternommen, um gute und sehr gute Ergebnisse in der politischen und Gefechtsausbildung zu erreichen.
Hierbei möchte ich besonders solche hervorragenden Leistungen nennen wie die sehr guten Ergebnisse der Truppenteile Thein und Bethke bei der Wasserfahrausbildung, die Note 1 bei der Truppenübung des Truppenteils Stein, die guten Leistungen bei den taktischen Übungen mit Gefechtsschießen der MSB/PB und AA der Truppenteile Thein, Weichbrodt, Stockfisch und Kleditsch, die maßstabsetzenden Ergebnisse bei den taktischen Übungen mit Gefechtsschießen der 1. MSK Truppenteil Weichbrodt und der 1. MSK Truppenteil Thein sowie die Noten gut in den spezialtaktischen Übungen der Truppenteile Jordan und Rohmann.
Damit haben diese Truppenteile/Einheiten auch viele andere Kampfkollektive ihre Kampfposi-

Welche Aufgaben stehen in den nächsten Tagen vor den Angehörigen des Verbandes und worauf sind besonders die Anstrengungen zu richten?

Bis das Fähren- oder Brückenband gekoppelt ist, hatten die Pontoniere schweißtreibende Arbeit zu leisten. Schwimmwesten bzw. Wasseranzüge konnten dabei noch zusätzlich erschwerend wirken.

Die kleinste Fähre, gekoppelt aus zwei Pontons und gedrückt von einem Bugsierboot, besaß 40 Tonnen Tragfähigkeit. Sie genügte bereits für das Übersetzen eines Panzers.

Zwischen den überzusetzenden Einheiten setzten auch die eigenen Pontonfahrzeuge über, um ggf. schnell zum nächsten Einsatz am darauf folgenden Wasserhindernis zu verlegen. Die Fahrzeuge hatten bereit zu sein beim Abbau schnell die Pontons jenseits wieder aufzunehmen. So war es stets bei Übungen mit aufeinander folgenden Handlungen, hinweg über Elbe und danach zur Havel.

Eine PMP-Fähre als sog. „Band" (Zug- oder Kp-Band), beim Übersetzen von Fahrzeugen über die Elbe, voran das Uferteil mit den Rampen, geeignet für die volle Breite der Auf- bzw. Abfahrt. Nach dem Entladen der Pontonfähre geht es zügig zurück. Das Brückenkommando hatte sich beim Umklappen der Landetafeln stets kräftig ranzuhalten. Jenseits wartet bereits am anderen Ende der Fähre die gleiche Tätigkeit.

Eine PMP-Fähre hat zum Entladen angelegt.

Nebenan hat sich wohl jemand mit dem Granatwerfer GW-120 etwas verfahren?

Göttlin an der Havel, am „Weißen Haus“: Augenblicke höchster Anspannung: Die Pontons sind gekoppelt. Mit Einfahrt in die Brückenlinie zeigt sich die Richtigkeit der Flussbreitenmessung.

Das Übersetzen an der Havel läuft. Panzer gehören allgemein zu den ersten „Kunden“ für das Übersetzen!

Ist das Übersetzen beendet, wird jeder Ponton wieder aufgenommen.

Der Ponton wird mittels Seilwinde der Transporters zusammengefaltet, von den Pontonieren verriegelt und auf die Pritsche gezogen.

Ab und an erwies sich die Last als störrischer Esel, der KRAS erhob sich vorn in die Höhe, bis der Ponton nachgab.

Bericht der Divisionszeitung über die sportliche Leistung des Kommandeurs des PiB-8 und seiner Stellvertreter sowie über besondere Leistungen in der PoK (Einheit Langer), der LÜK (Einheit Ettrich) und der StBK (Einheit Wien).

Für den Schutz des Friedens und des Sozialismus!

SOLDATENWORT

Politabteilung Verband Unterdörfel

Bei „TAXWERT" bewährt !

Aufgaben der Inspektion werden mit Initiative gemeistert !

erfüllten. Die teilnehmenden Kräfte aus den TT Beckmann, Baltruschat, Jordan und Nemitz sowie die Sicherstellungskräfte des TT Bösa zeigten eine hohe Einsatzbereitschaft und gewährleisteten durch ihre zuverlässige und fleißige Arbeit mit den Erfolg der Handlungen.
Jetzt geht es mit der Kraft unserer Parteikollektive und gestützt auf die großartigen Initiativen der FDJ-Mitglieder darum, die noch zu lösenden Aufgaben in der Inspektion allseitig und in hoher Qualität zu erfüllen.

Nach Redaktionsschluß

"Das Zünglein an der Waage!" Für die Note "gut" in der physischen Ausbildung bei der "Inspektion 84" in der Einheit Beckmann sorgten mit einer blanken "1" kurzentschlossen die Genossen Major Beckmann, Major Neumann und Major Weber.

Auf die Pioniere ist Verlaß

Die Einheit Langer aus dem TT Beckmann stellte beim Brückenschlag und Einrichten von Fähr-Übersetztstellen unter Beweis, daß die Ausbildungszeit richtig genutzt wurde. Durch ihre vorbildliche Arbeit und Einsatzbereitschaft sicherten die Angehörigen dieser Einheit den erfolgreichen Verlauf der Gefechtshandlungen. Mit Hochachtung wird auch über die gezeigten Leistungen der Züge vom Fähnrich Kurz aus der Einheit Ettrich und Ultn. Tillak aus der Einheit Wien im TT gesprochen.

Das gab es nicht oft: Hier „forcieren" die Übersetzeinheiten die Elbe nicht quer, sondern „längs"!!! Einmal sollte der Weg über zeitweilig gesperrtes Gelände führen. So fuhr man kurzerhand eine nutzbare Uferstelle an, stellte die „Übersetzbereitschaft" her und forcierte die Elbe „längs". Sicherlich das „breiteste" Wasserhindernis, was sie so überwanden!

Bei dieser Last in Talfahrt zeigten die Bugsierboote BMK-130 ihre Grenzen beim „Spurhalten"! Sowjetische Pioniere halfen mit den starken BMK-T aus einer heiklen Lage.

Die Pontonkompanie nahm mit ihren Fähren die Hauptlast an eigenen Räderfahrzeugen auf.

Die Landeübersetzkompanie transportierte sich teilweise auch selbst wie im Bild eine Gleiskettenfähre GSP-55 mit einem PTS-M.

Im Rahmen der Seelandeabwehrausbildung hatten die Übersetzeinheiten nach wie vor mit ihren Möglichkeiten dabei zu sein. Einer der Übungsorte lag zwischen Prora und Mukran.

Im flachen Uferwasser des Prorer Wiek fuhren die Pontonfahrzeuge oft ordentlich weit rückwärts in die See zum Pontonabwurf. Die Pontons sollten ja zum Abwurf und zum Koppeln der Fähren schwimmen und auch nicht von der nächsten Sandbank aufgehalten werden.

Beim Zuwasserlassen in der Ostsee benötigten auch die Bugsierboote entsprechen tiefes Wasser zum Einschwimmen. Dem LKW URAL machte das nichts aus bei einer Wattiefe von zulässigen 1,5 Metern.

Waren die PMP-Fähren gekoppelt, die Boote angelegt und die Übungslandeabwehrminen an Bord, konnte das Trainieren beginnen.

Oben:
Die Pontonkompanie des Pionierbataillons 8 bei der Seelandeabwehr, mit einer PMP-Fähre auf See, beladen mit provisorischen Übungslandeabwehrminen PDM-2.

Mit den Pontonfähren verlegte man auf der Ostsee vorrangig Landeabwehrminen des Typs PDM-2 bis in 5 m Tiefe, sofern es der Seegang erlaubte. Die große Ladefähigkeit der Pontonfähren eignete sich dafür hervorragend. Grenzen setzte den oben offenen Bugsierbooten der Seegang.

Eine originale PDM-2 Üb.

Unten:
Beladung einer PMP-Fähre mit Übungslandeabwehrminen PDM-2 und Vorbereitung zur Verlegung.

Übungslandeabwehrminen PDM-2 in Transportlage und bereit zur Verlegung

Oben:
Verlegen der Übungslandeabwehrminen PDM-2. Ein ordentlicher Schubs und die Mine verschwindet im Wasser.

Die Bergung bzw. Wiederaufnahme der PDM-2 erwies sich meist als schwieriger und zeitaufwendiger als das Verlegen und konnte gewöhnlich nur mit Hilfe der Pioniertaucher erfolgen.

Oben:
Selbstverständlich gehörten für die Ponton- und die Landeübersetzkompanie nach wie vor auch weitere Aufgaben der Pioniersicherstellung der Seelandeabwehr dazu, so bei der Entladung von Kräften und Mitteln, welche zur Landeabwehr benötigt und mit Landungsschiffen herangeführt werden mussten oder das Übersetzen von Fahrzeugen über Meeresarme zum Nach- und Abschub.

Die Sicherstellungskompanie des PiB-8 arbeitete meist im Hintergrund. Nur wenige Bilder gibt es daher von der Technik und der Arbeit der Sicherstellungskompanie. Aber gerade sie hatte tagtäglich ob im Garnisons- oder im Felddienst ganz wesentlich dazu beizutragen, dass alles an Mensch und Technik des PiB-8 rechtzeitig und ausreichend versorgt werden konnte bzw. bei technischen Problemen die nötige Hilfe leistete.

Die Rundfunk- und Kinoanlage durfte im Felddienst niemals fehlen und ohne Krantechnik lief auch manches nicht.

Unten:
Parktag im Pionierbataillon 8. Kommandeur und Offiziere bei einer letzten Aufgabenkoordination.

Von li.: Oberltn. Nitze, OKFD; Hauptm. Greßler, KC SBK; Hauptm. Langer, KC PoK; Oberltn. Meng, KC PiK; Unterleutnant Thiel; Oberltn. Ettrich, KC LÜK; Hauptm. Schernikau, KC SstKp; Major Rohmann Kdr mdFb.

SONDEREINSÄTZE begleiteten weiterhin das Leben im PiB-8.

Das Pioniergasleitungsbaukommando - 1 begann am 31. 03. 1982 einen über zwei Jahre dauernden Einsatz von Pionierbaukommandos der 8. MSD im Gasleitungsbau der DDR, beginnend mit dem in Berlin Müggelheim bis 29. 05. 1982, nahtlos übergehend vom 30. 05. 82 -30. 11. 1983 im Bereich südlich Parchims an der Erdgastrasse Salzwedel-Rostock. Das dritte Kommando schloss sich unmittelbar an und lief bis 1984.

Das erste Pionierbaukommando in Berlin Müggelheim

Rechts:
Abstimmung der zu erfüllenden Aufgaben

Rechts:
Eine Planierraupe S 100, versehen mit einem „Stubbenzahn", schafft Baufreiheit in der Wuhlheide.

Vorbereitung der Rohrverlegung: Die Trasse planieren, Bewuchs wegschieben und Abtransportieren.

Unten:
Autobagger E 305W beim Aushub des Rohrgrabens

Rohrgrabenperspektive

Die Pioniere beteiligten sich sowohl beim Rohrtransport als auch beim Umschlag der Rohre.

Der parallel zum Rohrgraben vorgestreckte Rohrstrang, nicht immer so transportgünstig direkt an der Straße gelegen.

Erste Auszeichnungen an Angehörige des Baukommandos durch den sie unterstützenden Baubetrieb.

BAUKOMANDO-8

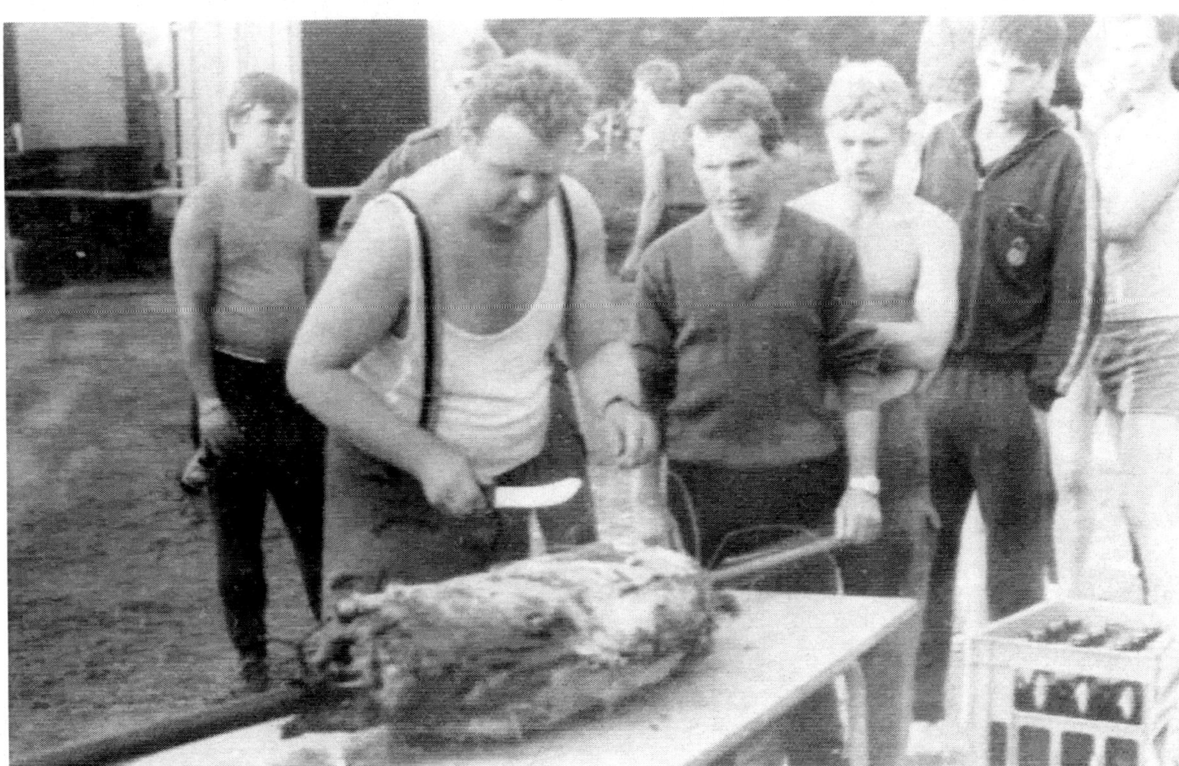

Wildschwein am Spieß. Das ließ sich keiner entgehen.

Das Pioniergasleitungsbaukommando - 2 von 1982-1983

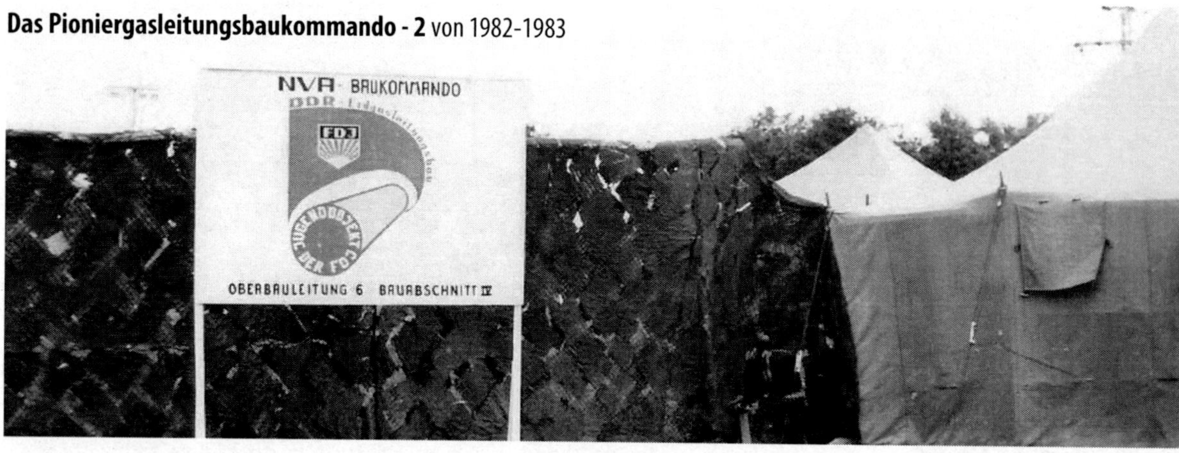

Der Eingang zum Zeltlager des Baukommandos am Möderitzer Weg bei Parchim sowie der Unterkunftsbereich des Zeltlagers mit den „Wohn- und Schlafzimmern" des Baukommandos.

Am 27. 08. 1982 besichtigte auch der Chef der Landstreitkräfte der NVA, Generaloberst Stechbarth, die Baustellen und den Bereich der Unterbringung des Arbeitskommandos.

Oben: In seiner Begleitung: der Chef Pionierwesen der LaSK, Generalmajor Pankau, der StCPiW der NVA, Oberst Beier, der Chef des Militärbezirkes V, Generalmajor Grätz, der CPiW des MB -V Oberst Friedel u. a. M.
Der Chef LaSK ließ sich bei seiner Besichtigung entlang der Rohrtrasse vom Kommandeur des Arbeitskommandos, Major Weber und dem zuständigen Abschnittsbauleiter, Herrn Sand, an einem vorgestreckten Rohr die zu erfüllenden Arbeiten erläutern und was dabei anteilig durch das NVA-Kommando zu bewältigen ist.

Oben rechts:
Manch einer fragt sich beim Betrachten dieses Fotos möglicherweise, wer weist nun wen in die Arbeiten ein?

Der CLaSK im Gespräch mit einem Angehörigen des Kommandos.

„Abschlussgespräch" des CLaSK mit dem Kommandeur des Baukommandos, Major Weber.

Am 10. 12. 1982,
auf einer großen Abschlussveranstaltung
in der Kongresshalle in Rostock, erhielten:

Major Weber
die Einzelauszeichnung: Orden „Banner der Arbeit" Stufe I,

seine Stellvertreter Hauptmann Hopusch, Oberleutnant Rosenau und Oberleutnant Buchloh sowie Stabsfeldwebel Saarmann und sieben weitere Angehörige des Kommandos,

den Orden „Banner der Arbeit" Stufe I im Kollektiv.

Das Pioniergasleitungsbaukommando 3

Leitung: Major H.- J. Hammerschmidt (li.);
Stellvertreter: Major Pilz, Hauptmann Goldenbogen, Oberleutnant Wien, Hauptmann Draheim.

Das Baukommando bewältigte seine Aufgaben 1983/84 beim Bau an der Ferngasleitung Waren - Neubrandenburg im Abschnitt Pritzwalk - westlich Sietow.

Nach dem Eintreffen aller Kräfte und Mittel in der „Ernst-Moritz-Arndt-Kaserne" Hagenow erfolgte die Formierung des Kommandos in Zuständigkeit des PiB-8.

Die Führungsmannschaft

Oben: Marschbelehrung; Unten: Kaum zu übersehen: Die Technik des Baukommandos!

Alltag auf der Baustelle: Schaffen des Rohrgrabens und Fertigen der Rohrschlange

Autobagger E 305 W haben den Rohrgraben ausgehoben. Gut sichtbar: die gesetzten „Häufchen" für das Vorstrecken der Rohre, welche auch Fahrzeuge des Baukommandos mit antransportierten. Eine Anfuhr unter diesen Geländebedingungen ließ sich oftmals nur mittels zusätzlichem „Kettenzug" der Raupen realisieren.

Unten: Seitenbordkrane brachten die Rohre in Position, sowohl zum Verschweißen der Rohrsegmente als auch nachfolgend zur Endlage des Rohrstranges im Rohrgraben.

Nach dem Verschweißen der Rohre und der Isolierung der Schweißstellen verlegten Seitenbordkrane den Rohrstrang und die Planierraupen, die meistens vorher schon die Baufreiheit auf der Trasse zu schaffen hatten, verfüllten den Rohrgraben.

Links:
Man benötigte jede Kraft für die Arbeiten an der Gastrasse. Unwichtigeres, beispielsweise den „Sicherungsposten" am „Stabsgebäude", das gab man daher gern an andere weiter!

Unten:
Soldaten des Pionierinstandsetzungszuges des IB-8 in ihrer „Ausgangsuniform" an einer Einsatzstelle zur Hilfeleistung.

Major Hammerschmidt mit seinen Verpflegungsversorgern. Die für die Versorgung zuständigen Mitarbeiter (im Bild die „Verpfleger" beim Schlachtfest) besaßen eine hohe Verantwortung, der sie genau wie die am Bau eingesetzten Kräfte voll nachkamen.

Die Arbeit ist getan! Bei der Auszeichnungsveranstaltung stellt man sich stolz dem Fotografen.

Major Hammerschmidt und weitere Angehörige des 3. Baukommandos erhielten nach ihrem Einsatz den Orden „Banner der Arbeit" Stufe III im Kollektiv.

Den „Orden Banner der Arbeit"

verlieh man auch dem

Kommando unter der Leitung von Oberleutnant Breddin,

das 1985/86 an der Staatsgrenze im Süden der DDR zum Beseitigen von Minensperren eingesetzt war und diese Aufgaben ohne Vorkommnisse erfolgreich beendete.

Die Auzuzeichnenden - übrigens ein ganzer IKARUS-Bus voll - unter der Leitung des LPiW der 8. MSD, Osl. Biewald, erfüllte es bereits bei der Hinfahrt zur Auszeichnungsveranstaltung nach Suhl mit Stolz, denn aus dem Kommando der 9. PD fuhr nur ein Hauptmann mit zur Auszeichnung in die Suhler Kongresshalle.

Kein Truppenteil der 8. MSD konnte Orden dieser Art und Anzahl aufweisen!
Es bestätigte wieder einmal den Ausspruch: Pioniere sind die Arbeitspferde der Armee! Die Pioniere der 8. MSD zählten daher zu Recht den „Spitzenpferden" dieser Art!

Nebenbei bemerkt:
All diese Kommandos standen in der Verantwortung des LPiW der Division und des PiB-8. Sie waren mit Pflichten verbunden, die zur täglichen Arbeit hinzukamen und nicht einfach so nebenbei erledigt werden konnten.

Hochwassereinsatz 1988 an der Elbe

Pioniere sowie Ponton- und Landeübersetzmittel bewährten sich ein weiteres Mal beim Schutz von Menschen und Sachwerten gegen Hochwassergefahren.

Helfertransport mit dem bewährten Schwimmwagen PTS-M bei der Hochwasserabwehr 1988.

Pontonfähren PMP und PTS-M, eingesetzt zum Transport von Helfern und Material zur Deichsicherung, u. a. auch beim Sandsackantransport per PMP-Fähre.

Wintereinsatz in der Braunkohle

1986/87 kamen Einheiten des Pionierbataillon 8 im Großtagebau Nochten und im Braunkohlenwerk „Glück auf" Knappenrode zur Bewältigung extremer Winterbedingungen zum Einsatz.

Das war eine Bewährungsprobe neuer Art, denen sich die Pioniere aus der 8. MSD erstmalig zu stellen hatten.

Öffentlichkeitsarbeit

1982, Besuch von Schülern der 7. Klassen aus Gadebusch im PiB-8, mit Vorstellung von Technik und Ausrüstung, durch Major Rohmann.

Walter Garbe in Akton: Vorführung einer Universalpioniermaschine DOK

Auch das kam ab und an auf den Kommandeur zu:

Als Gast und Gastredner bei einer Hochzeit von Berufssoldaten des Pionierbataillons, hier bei der Eheschließung von Hauptmann Meng.

Sport

Die Sicherstellungskompanie, links der Kompaniechef Hauptmann Schernikau, auf dem Weg zur MKE (Militärische Körperertüchtigung), die früher einmal Dienstsport hieß!

Freizeitsport

Hauptmann Greßler aus dem Pionierbataillon 8 bei der Divisionsmeisterschaft im Schießen mit der persönlichen Waffe am 18. 09. 1985.

Sportfest im Pionierbataillon 8

Tauziehen zwischen der Sicherstellungs- und der Pontonkompanie. In der Mannschaft der starken Pioniere wusste man mit dem Ankertau umzugehen. Aber auch die SstK besaß kräftige Männer wie rechts, Gefreiter Andreas Schiele, Divisionsmeister im Handgranatenweitwurf!

Da staunt auch der Kommandeur (rechts)

Links: Große Sprünge!

Rechts: Gefreiter Andreas Schiele, Divisionsmeister im Handgranatenweitwurf mit 82,7 Metern!

Die Handballmannschaft der ASG des Pionierbataillons 8. Sie schlug sich wacker in der Bezirksliga.

Pioniere im MSR-27

Der Eingang der „Hans-Kahle-Kaserne", nur bei feierlichen Anlässen durch Ehrenposten besetzt, ebenso wie das Monument von Hans Kahle innerhalb der Kaserne.

Das Regiment nach dem Appell auf dem Weg zum feierlichen Vorbeimarsch bei einem besonderen Anlass,denn nur dann erschien auch das Orchester der Division, um dem Ganzen mehr Gewicht zu geben und den Rahmen des Ganzen zu unterstreichen. Fanden solche Anlässe in den Standorten der Division gleichzeitig statt, so konnte das Orchester selbstredend nur an einer Maßnahme teilnehmen. Der Marsch passiert gerade den Flachbau, in dem die Pionierkompanie des MSR-27 über längere Zeit „residierte".

Das Ledigenwohnheim des Standortes für die unverheirateten Berufssoldaten. Die Zimmer, aus eigenem Erleben in den 60-er Jahren, spartanisch eingerichtet und mit im Winter selbst zu beheizenden Kachelöfen bestückt.

Taktische Fahrzeugkennung an der Technik des MSR-27: Links eine ältere Kennung im Divisionsrahmen. Mi.: Im Rahmen des MB-V die für KFZ, rechts für die Panzertechnik. Die „9 steht für die Pionierkompanie.

Einer der ersten Offiziere Pionierdienst des MSR war Gerhard Rehfeld.

Günter Soht, Offizier Pionierdienst MSR-27 von Sept. 1958-Juni 1960.

Hans-Joachim Klaube, nach G. Soth Oberoffizier Pi-Wesen des MSR-27.

März 1971 auf dem Truppenübungsplatz Klietz: Der Oberoffizier Pionierwesen des MSR-27, Major Hans-Joachim Klaube, bereitet mit Pionieren der Pionierkompanie eine Sprengung vor.

Major Hans-Joachim Klaube übernahm nach dieser Funktion die als Bataillonskommandeur eines Mot.-Schützenbataillons und später die Dienststellung des Stellvertreters des Regimentskommandeurs im MSR-27. Er war einer von insgesamt sieben Angehörigen der 8. MSD, der die Auszeichnung „Verdienter Angehöriger der NVA" erhielt.

Stern Buchholz erhielt Anfang der 70-er Jahre eine moderne, standortnahe Ausbildungsbasis, deren Einweihung 1972 erfolgte.

Links:
Major H.-J. Klaube, Oberoffizier Pionierwesen des MSR-27, beim Erläutern eines Lageplanes anlässlich der Vorstellung des Ausbildungsgeländes.
Es ist anzumerken, dass Hans-Joachim Klaube auch im weiteren Dienstverlauf seinen Mann stand.

Rechts:
Der neue Sprengplatz und das Taktik-Gelände ermöglichten der Pionierkompanie relativ „großzügig" und ohne Zeitverlust ihre Ausbildung am Standort zu absolvieren. Der Beweglichen Sperrabteilung bot das Gelände genügend Raum, alle Handlungen zum Beziehen eines Verminungsabschnittes zu üben und auch für die anderen Aufgaben der Gefechtsbildung boten sich viele gute Möglichkeiten.

Unten:
Von den Pionieren gebaute Spurbahnstraße im Kies- und Schotterbett durch das neu gestaltete Ausbildungsgelände.

Die Pioniere des MSR-27

Die Pionierkompanie hatte auch zeitweilig eine Begleitbrückengruppe in ihrem Bestand.

Unter Leitung von Oberfeldwebel Manfred Appelmann, trainiert die Gruppe aus der Pionierkompanie des MSR-27 in der Gefechtsausbildung den Einsatz der Begleitbrücke TMM.

Richtwert: Eine Strecke von 10,5 m in 10 Minuten zu verlegen. Die Begleitbrückengruppe besaß vier Fahrzeuge, davon drei mit einer ausklappbaren Unterstützung.

Wie der nachfolgenden Meldung auf dem ganzseitigen Titelblatt der Zeitung VOLKSARMEE zu entnehmen ist, erreichten die Pioniere des Zuges Appelmann dabei ausgezeichnete Leistungen.

Am

18. April 1968, 14.30 Uhr, erreichte diese Meldung die Redaktion: „Der Zug Appelmann aus der Kompanie Menzel hat bei der letzten Überprüfung im März 1968 die Normen bei der Arbeit mit dem Brückengerät mit ‚sehr gut' bestanden und gibt damit weiterhin den Ton an.

FÜR UNSERE ARBEITER-UND-BAUERN-MACHT

17 1968 PREIS 0,30 M

VOLKSARMEE

Zug Appelmann hielt keinen Winterschlaf Überprüfung ergab wieder „sehr gut“ Der Ruf der Panzersoldaten findet bei den Pionieren offene Ohren / Für den Roten Kampfwagen bauen sie die besten Brücken

Lösen! Aushängen! Ablegen!

Pioniere sind es gewöhnt, Hindernisse zu überwinden und zu beseitigen. Sie räumen sie aus dem Weg oder schlagen Brücken, um sie zu bezwingen. Schnell und kraftvoll packen sie zu, wohl wissend, daß nicht zuletzt von ihnen der Sieg im Gefecht abhängt. Kaum ist der letzte Handschlag getan, kaum hat das letzte Basisfahrzeug die Brücke verlassen, da donnert auch schon der erste Panzer, rollen Dutzende schwerer Fahrzeuge sicher über das von den Pionieren bezwungene Hindernis.

Als wir an einem sonnigen Herbsttag des vergangenen Jahres den Genossen des Zuges Appelmann begegneten, mußten sie nicht nur übliche Hindernisse nehmen. Eine Brücke über die Elde zu schlagen – diesem Auftrag mußten sie unter komplizierten Umständen gerecht werden. Die knappen Kommandos „Lösen!“, „Aushängen!“, „Ablegen!“, die Oberfeldwebel Appelmann gab, erreichten nur die Ohren des Kraftfahrers und die von drei, statt vier Pionieren. Einer von ihnen war kurz vor der Übung ausgefallen. Doch damit nicht genug: Die Technik war ihnen noch wenig vertraut. Hier an der Elde erwartete sie die erste bedeutsame Probe, bei der sie zeigen mußten, wie sie ihre neue schwere Begleitbrücke beherrschen.

Der Schweiß rann ihnen in Strömen übers Gesicht, so legten sich Unteroffizier Tiebe, Gefreiter Otta, Pionier Grams und Pionier Niemann ins Zeug. Sie wollten beweisen – nun gerade –, daß ihre Kompanie nicht umsonst die beste selbständige Einheit ihres Truppenteils geworden war.

Am Ende hatten sich die Mühen gelohnt. Als Oberfeldwebel Appelmann prüfend auf seine Uhr schaute, nickte er zufrieden: Sie waren unter der Normzeit geblieben.

Seither ist ein halbes Jahr vergangen. Die Pioniere haben in der Zwischenzeit keinen Winterschlaf gehalten. Längst ist auch der Zug Appelmann völlig eins mit seiner Technik geworden. Das ist keine vage Vermutung. Am 16. April 1968, 14.30 Uhr, erreichte diese Meldung die Redaktion: „Der Zug Appelmann aus der Kompanie Menzel hat bei der letzten Überprüfung im März 1968 die Normen bei der Arbeit mit dem Brückengerät mit ‚sehr gut‘ bestanden und gibt damit weiterhin den

Ton an. Hohe Verpflichtungen in der Aktion ‚Roter Kampfwagen' werden gegenwärtig beraten."

Wir haben mit Freude vernommen, wie diese Pioniere, Meister ihres Faches, ihre guten Traditionen fortgeführt haben. Und eines ist gewiß: Wenn die Panzersoldaten des Truppenteils Loitsch aufrufen: „Mit der Aktion ‚Roter Kampfwagen' wollen wir durch Höchstleistungen in der Gefechtsausbildung einen meßbaren Zuwachs an Gefechtsbereitschaft und Kampfwert aller militärischen Kollektive erreichen, um bereit zu sein, im Falle einer imperialistischen Aggression aus jedem Raum, zu jeder Zeit und in jeder Lage aktive Gefechtshandlungen zur Vernichtung des Gegners zu führen!" – dann finden sie bei allen Pionieren offene Ohren. Sie fühlen sich wie die Panzersoldaten als Erben und Fortsetzer der revolutionären militärischen Traditionen der deutschen Arbeiterklasse, deren beste Söhne gegen die Reaktion kämpfen. Sie wissen: Wir sind Gestalter und Hüter jener sozialistischen Gesellschaftsordnung, für die die Helden der Novemberrevolution stritten.

Sie werden ihren Teil zum Gelingen der Aktion beitragen und für den „Roten Kampfwagen" die besten Brücken bauen, damit er mit den vielen hervorragenden Soldatentaten zum 50. Jahrestag der Novemberrevolution und zum 20. Geburtstag unserer Republik sicher sein Ziel erreicht.

Fotos: VA/Klöppel; Text: Schütze

Oberfeldwebel Manfred Appelmann begann seinen Weg nach Absolvierung der Unteroffizierschule 1963 als Pionierunteroffizier und Gruppenführer in der Pionierkompanie des MSR-28 „Wilhelm Florin" in Rostock. Nach einigen Jahren erfolgte seine Versetzung in die Pionierkompanie des MSR-27 „Hans Kahle", wo er bis zu seiner Versetzung in die Reserve als Zugführer tätig war.

Wie das bei Berufssoldaten schon immer war: Viel Zeit erforderte der Dienst für die Ausbildung und Erziehung der Soldaten. Gewöhnlich blieb davon zu wenig für Kinder und Familie. Das oblag dann den „fast allein erziehenden" Ehefrauen.

Unten:
Entlassungszeit für diejenigen, die ihren Wehrdienst abgeleistet haben.

FÜR UNSERE ARBEITER-UND-BAUERN-MACHT

Kampfsignal

5. Jahrgang / Nr. 21 — ZEITUNG DER NATIONALEN VOLKSARMEE — 23. Juni 1959

Im Notizbuch geblättert

Eine Brücke im Werte von rund 18000 DM baute der Pionierzug des Truppenteils Wollmann in der Gemeinde Zülow bei Sternberg. Dadurch bleibt den Bewohnern der Gemeinde ein 12 km langer Umweg erspart. Ein besonderes Lob gilt den Soldaten Kratzing und Biel, die sich während des Brückenbaus auszeichneten.

Obige Zeitungsnotiz aus dem Jahr 1959 belegt, dass die Pioniere aus Sternbuchholz, damals noch mit primitiven Mitteln, schon immer zu besonderen Leistungen bereit und in der Lage waren!

In einem Artikel im MECKLENBURG-MAGAZIN der Schweriner Volkszeitung vom 05. Juli 2002 über technische Denkmale in Mecklenburg wird über die wechselvolle Geschichte des Wasserkraftwerkes Bobzin und einen damit verbundenen Einsatz der Pionierkompanie des MSR-27 berichtet (Auszug aus dem Bericht):

..., den Transformator mit einem Gewicht von ca. 30 Tonnen nach Bobzin zu bringen. Kein leichtes Unternehmen wie sich bald herausstellte. Denn der Standort des Umspannwerkes lag auf einer Insel zwischen der alten Elde bei Weisin und der Neuen Elde beim Wasserkraftwerk Bobzin. Die Kontrolle der Brücken beim WKW und bei Weisin ergab, dass diese eine viel zu geringe Tragfähigkeit hatten, um den Transformator samt Tieflader zu tragen. Daraufhin setzten wir uns mit einer Pioniereinheit der NVA in Stern Buchholz bei Schwerin in Verbindung. Diese erklärte sich bereit, uns kostenlos zu helfen. ... An einem Sonntag rückte die Pioniereinheit an, demontierte die alte Brücke und errichtete die neue an nur einem Tag. Damit war ein schwieriger Teil des Unternehmens gelöst, ... Die neu errichtete Brücke hielt den Belastungen bestens stand, ... und die damals errichtete Holzbrücke steht noch heute.

Immer mittendrin: Der Oberoffizier Pionierwesen des MSR-27 in den 70-er Jahren, Major Gerhard Kerstan, ein „Haudegen", auf den immer Verlass war, mit Angehörigen der Pionierkompanie: StKCTA der Kompanie, Hauptmann Nils Lahme und Zugführer Leutnant Rüdiger Dohse, mit einigen Besatzungsmitgliedern auf dem Park.

Mitte: Ruhepause im Gelände.

Unten: Die Pionierkompanie des MSR-27 bei der Ausbildung im Gelände. Von li.: Major Diethard Kleinfeld (danach letzter OO Pi-Wesen im MSR-27), Hauptmann Dohse, Hauptmann Landversiek und Oberleutnant Kollmorgen.

Die Pionierkompanie des MSR-27 bei der Ausbildung im Gelände. Li.: Offiziere der Pionierkompanie des MSR-27: Hauptmann Landversiek, Major Diethard Kleinfeld, Hauptmann R. Dohse, und Oberleutnant Kollmorgen. Rechts: Hauptmann Rüdiger Dohse während der Ausbildung an der Elbe bei Kehnert (rechts)

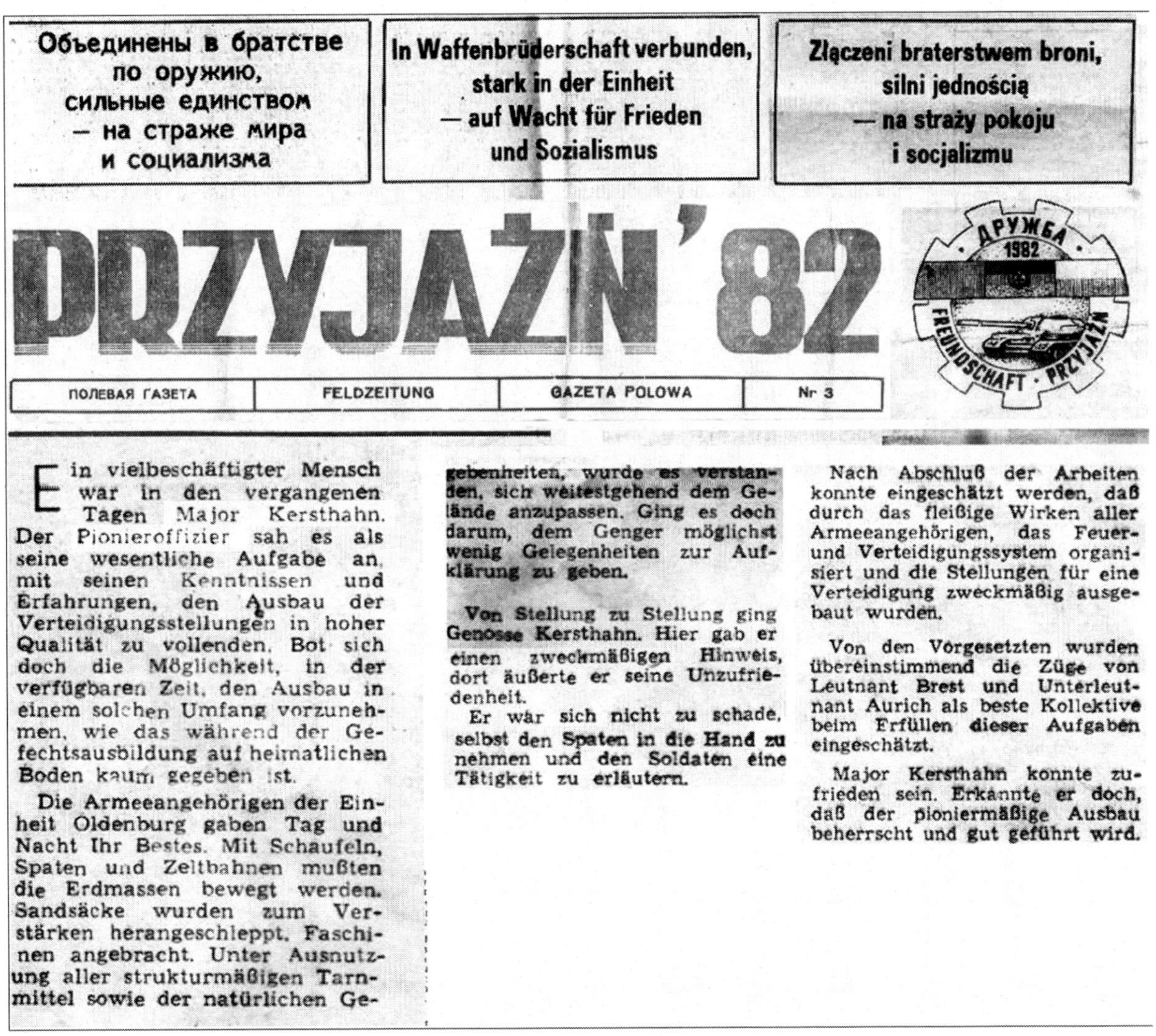

Объединены в братстве по оружию, сильные единством — на страже мира и социализма

In Waffenbrüderschaft verbunden, stark in der Einheit — auf Wacht für Frieden und Sozialismus

Złączeni braterstwem broni, silni jednością — na straży pokoju i socjalizmu

PRZYJAŹŃ '82

ПОЛЕВАЯ ГАЗЕТА	FELDZEITUNG	GAZETA POLOWA	Nr 3

Ein vielbeschäftigter Mensch war in den vergangenen Tagen Major Kersthahn. Der Pionieroffizier sah es als seine wesentliche Aufgabe an, mit seinen Kenntnissen und Erfahrungen, den Ausbau der Verteidigungsstellungen in hoher Qualität zu vollenden. Bot sich doch die Möglichkeit, in der verfügbaren Zeit, den Ausbau in einem solchen Umfang vorzunehmen, wie das während der Gefechtsausbildung auf heimatlichen Boden kaum gegeben ist.

Die Armeeangehörigen der Einheit Oldenburg gaben Tag und Nacht Ihr Bestes. Mit Schaufeln, Spaten und Zeltbahnen mußten die Erdmassen bewegt werden. Sandsäcke wurden zum Verstärken herangeschleppt. Faschinen angebracht. Unter Ausnutzung aller strukturmäßigen Tarnmittel sowie der natürlichen Gegebenheiten, wurde es verstanden, sich weitestgehend dem Gelände anzupassen. Ging es doch darum, dem Genger möglichst wenig Gelegenheiten zur Aufklärung zu geben.

Von Stellung zu Stellung ging Genosse Kersthahn. Hier gab er einen zweckmäßigen Hinweis, dort äußerte er seine Unzufriedenheit.

Er wär sich nicht zu schade, selbst den Spaten in die Hand zu nehmen und den Soldaten eine Tätigkeit zu erläutern.

Nach Abschluß der Arbeiten konnte eingeschätzt werden, daß durch das fleißige Wirken aller Armeeangehörigen, das Feuer- und Verteidigungssystem organisiert und die Stellungen für eine Verteidigung zweckmäßig ausgebaut wurden.

Von den Vorgesetzten wurden übereinstimmend die Züge von Leutnant Brest und Unterleutnant Aurich als beste Kollektive beim Erfüllen dieser Aufgaben eingeschätzt.

Major Kersthahn konnte zufrieden sein. Erkannte er doch, daß der pioniermäßige Ausbau beherrscht und gut geführt wird.

Ein Bericht der Manöverzeitung beim Manöver „Freundschaft 82" in der VR Polen über Major Kerstan.

Oftmals gehörten solche Sprengarbeiten zu den Aufgaben der Pionierkompanie bei Handlungen des Regimentes auf dem Truppenübungsplatz: Das Anlegen von Imitationsfeldern mit Sprengmitteln. Das war die sog. „Pionierartillerie“, eine Imitation von Artillerieeinschlägen. Schön zu sehen sind die Zündintervalle der einzelnen Ladungen. Während der Qualm einiger Detonationen bereits verraucht, zünden erst die nachfolgenden Ladungen.

Das Anlegen von Minensperren gehörte auch bei der Pionierkompanie eines Mot.-Schützenregimentes zu den Hauptaufgaben der Pioniersicherstellung des Gefechtes, hauptsächlich durch mechanische Verlegung durch die Bewegliche Sperrabteilung - BSA - aber auch ggf. durch manuelles Verlegen bzw. unter Umständen durch Einsatz von Schnellsperren, bei der Ausbildung zur Panzernahbekämpfung unter Einsatz der Panzermine PTMiBa III Üb.

Für die Imitation eines Atompilzes kamen neben dem Sprengstoff noch einige andere Mittel zum Einsatz, um dieses Bild zu erreichen.

Das Suchen und Räumen von Minen bildete gewiss keine leichte Aufgabe. Pioniere taten das manuell unter Zuhilfenahme von elektronischen Minensuchgeräten, -suchstäben etc. Mit der Ausrüstung einzelner Panzer mit Minenräumanbaugeräten verlagerte sich einiges dieser Aufgaben an die Panzersoldaten.

Ein KRAS 214, Transportmittel für die Rollensektionen der Minenräumgeräte KMT-5 der Panzer. Gern nutzte man sie für andere Transporte, bei immerhin 7 t Tragfähigkeit im Gelände.

Die Pionierkompanie des MSR-27 beim Halt auf dem Truppenübungsplatz Klietz während einer Truppenübung im Winter.

Der Führungs-SPW 40 P2 des BSA-Zugführers der Pionierkompanie des MSR-27. Einmal am Haken eines Bergepanzers der Instandsetzungskompanie des MSR-27 bei der Übung „SEWER 77".

Zum anderen der gleiche SPW 40 P2, neben einem Brückenlegepanzer und anderer Technik der Pionierkompanie des MSR-27 auf dem Abstellplatz im Park nach der Wende, in Erwartung einer anderen Aufgabe oder der Konversion.

Nebenbei bemerkt:
Die Planierschilder der Bergepanzer TK-55 gehörten im Gegensatz zu den Panzern mit der Planiereinrichtung BTU nicht zur Pioniertechnik, sondern zur Panzertechnik, ebenso wie Planierschilder am TATRA-813 der Geschosswerferabteilung 8, die zur KFZ-Technik gehörten.

Auch bei manch anderen gleichartigen Ausrüstungsgegenständen gab es so eine merkwürdige Zweiteilung. Schanzgeräte an der Panzer- und KFZ-Technik zählten u. a. dazu, was dazu führte, dass bei Bruch und Verschleiß auf intakte Geräte der Pioniere zurückgegriffen wurde. Man konnte solche ja für die Ausbildung im Pioniergerätelager ausleihen und am Ende als „beschädigt während der Nutzung" zurückgeben!

Ihr Ziel: Offizier der NVA

Ob es der Schlosserlehrling Peter Bischoff von der Abteilung Dassow des Kreisbetriebes für Landtechnik ist, der Schüler Manfred Bever aus der Erweiterten Oberschule Grevesmühlen oder der Schlosserlehrling Horst Nörenberg vom Kreisbetrieb für Landtechnik in Grevesmühlen (von links nach rechts), sie gehören zu den Jugendlichen in unserem Kreis, die sich freiwillig für die Laufbahn eines Berufssoldaten entschieden haben. Sie sind sich darüber im klaren, daß die erste Friedensarmee in der deutschen Geschichte viele Soldaten, Unteroffiziere und Offiziere mit einem hohen Niveau benötigt, um die moderne Waffentechnik wirklich vollkommen zu beherrschen. Das kann man jedoch nicht während der gesetzlichen 18monatigen Dienstpflicht erreichen. Die drei Jugendfreunde haben sich deshalb entschlossen, ab Herbst dieses Jahres für drei Jahre eine Offiziersschule der NVA zu besuchen, um danach bei einer von ihnen gewünschten Waffengattung als Offizier tätig zu sein. Fotos: Winkler

Oben:
Peter Bischof wurde Pionieroffizier, Horst Nörenberg Truppenaufklärer und Mot.-Schützen-Kommandeur.

Die Pionierkompanie des MSR-27 beim Appell. Links: Kompaniechef Hauptmann Elsner und Zugführer Oberleutnant Peter Bischof.

Die Pionierkompanie bei einem feierlichen Vorbeimarsch auf der Straße außerhalb der Kaserne

Ein feierlicher Anlass:
Auf dem Exerzierplatz des MSR-27 erfolgt die Vereidigung neuer Soldaten.

Im Fahnenkommando steht Oberleutnant Rüdiger Dohse aus der Pionierkompanie des Regimentes.

Kompaniefest in der Pi-Kp MSR-27: Dienst ist Dienst und Schnaps ist Schnaps! Wie zerlegt man wohl ein Spanferkel?

Auch im Freizeitsport mischten die Pioniere des MSR-27 mit!

FÜR UNSERE ARBEITER-UND-BAUERN-MACHT

kampfsignal

Nr. 12 März 1969

der Batterie-Offizier Ober- Unteroffizier Hagelgans bei der

Inspektion in Wort und Bild

Weiter so, Volleyballer

Die Volleyballmannschaft der ASG Stern-Buchholz macht von sich reden. Kurz vor der Erringung des Bezirksmeistertitels gelangen ihr in der 1. Hauptrunde des FDGB-Pokals schöne Erfolge. Die DDR-Liga Mannschaften von Wisenschaft Karlshorst und Rotation Berlin wurden jeweils 2 : 1 und Dynamo Potsdam 2 : 0 geschlagen. Herzlichen Glückwunsch und weiter so!

In der siegreichen Volleyballmannschaft des MSR-27: Sie wurde auch NVA-Meister!

Zweiter stehend von links: Pionierschirrmeister Dumke.

Pioniere im MSR-28

Im MSR-28 am 1. März 1959 in der Kaserne beim „Tag der offenen Tür".

Im hinteren Block im 1. Stock lagen die Pioniere des Regimentes, zunächst die des Pionierzuges, ab 1961 die der neu gebildeten Pionierkompanie.

Taktische Fahrzeugkennung an der Technik des MSR-28: Links eine ältere Kennung im Divisionsrahmen. Mitte: Im Rahmen des MB-V für die KFZ, rechts für die Panzertechnik. Die „9 steht für die Pionierkompanie.

In den Anfangsjahren: Links die Kaserne des MSR-28. Auf der Straße zwischen der Kaserne auf der einen und der Neptunschwimmhalle (unten li.), im weiteren Verlauf des Ostseestadions (unten re.) auf der anderen Seite, eine Kolonne zu einem feierlichen Öffentlichkeitsereignis in der Stadt (LKW K 30 und ein Geländegängiger PKW P2).

Hptm. Paul Richter, Offz. Pi-Dienst des MSR-28 nach Übernahme von Hptm. Paul Engel. Rechts daneben Major Wilfried Dahlke, Oberoffizier beim Leiter Artillerie.

Offiziere der Pionierkompanie des MSR-28:
Der Kompaniechef der Pionierkompanie des MSR-28 von 1961-64, Hauptmann Dietrich Biewald, mit seinen Offizieren: Leutnant Alfred Wiecha, StKCPA; Leutnant Herbert Wrage, StKCTA und Leutnant Peter Domke, Zugführer des technischen Zuges (Peter Domke übernahm die Kompanie 1964 als Kompaniechef). Weitere wichtige Helfer für den Kompaniechef waren Oberfeldwebel Köhn, zunächst

Zugführer des BSA-Zuges, danach Hautfeldwebel der Kompanie, Feldwebel, später Oberfeldwebel Strauß, zunächst Gruppen-, dann Zugführer sowie viele Unteroffiziere der Pionierkompanie.

Immer zuverlässige Stützen für den Kompaniechef: Oberfeldwebel Köhn (oben Mitte), zunächst Zugführer und später Hauptfeldwebel sowie Fw/Oberfeldwebel Strauß (u. li.) und Unteroffizier/Fw Appelmann.

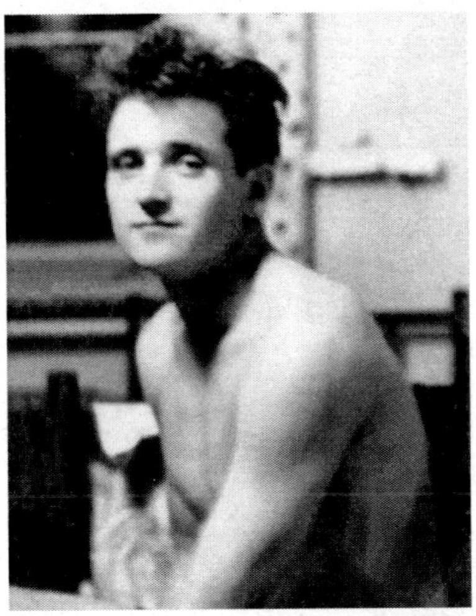

1. v. re.: Hauptmann Kurt Pöpplow, Offizier Pionierdienst MSR-28, (nach Hauptmann Paul Richter), hier beim Übungsende "Lato-67" im Raum des Stabes III./MSR-28, bei Rathenow. V. li.: Hauptmann Neumann, StSC MSB; Oberltn. Paskowsky, KC 9. MSK; Major Dollas, Kommandeur III. MSB.

Weihnachten in der 1961 neu gebildeten Pionierkompanie des MSR-28.

Die Verheirateten haben Urlaub und die anderen feiern in der Kaserne.

Unteroffizier Edelhäuser, Stabsgefreiter Wahl, Soldat Riedel

Stehend: KC Oltn. Biewald, Richert, Kerz, Millow, Marx, Edelhäuser, Wahl, Schulz, Krutschinski; sitzend: Kreschel, Kasper, Riedel, Köhn, Wiechert, Rudolf, Liebenow, Asbach, Hüttig.

Kerz, Hüttig, Marx, Millow, Schulz, Edelhäuser, Riedel.

Oberfeldwebel Köhn, Zugführer des 1. Zuges

Die Pionierkompanie des MSR-28 im Feldlager 1962 an der Recknitz bei Bad Sülze.

Die Führungsmannschaft

Von links: Herbert Wrage, StKCTA; Alfred Wiecha, StKCPA; Dietrich Biewald, KC der Pionierkompanie; Peter Domke, Zugführer des Technischen Zuges.

Dietrich Biewald
KC der Pionierkompanie MSR-28

Alfred Wiecha
StKCPA der Pionierkompanie MSR-28

Herbert Wrage
StKCTA der Pionierkompanie MSR-28

Peter Domke, Zugführer des Technischen Zuges der Pionierkompanie MSR-28

Übergangszeit bei den Uniformen:

Anfangs hatten die Pioniere noch schwarze Paspelierung an der Mütze, am Kragen und an den Hosenbiesen, aber später nur noch in weiß wie das gesamte Mot.-Schützenregiment.

Erprobung und Ausbildung im Bau einer selbst gefertigten, wiederverwendbaren Spurbahnbrücke.

Die Brückenbaustelle: Der Messtrupp steckte die Brückenachse aus, brachte per Schlauchboot 0,5 die Peiltrosse über den Fluss und ermittelte das Flussprofil.

Die Einfahrt ist vorbereitet, der Uferbalken verlegt und das Material entsprechend der Technologie bereitgestellt.

Das erste Schwelljoch, anhand der Aufklärungsergebnisse montiert, rutschte bereits in das Wasser.

Die erste Brückenstrecke wurde als Uferstrecke montiert, während bereits Schwelljoch Nr. 1 eingeschwommen wird.

Das Schwelljoch richteten die Pioniere mit den Stangen auf, dabei maßhaltig arretiert und gesichert. Über den mittig aufgebrachten Laufsteg brachten die Trägertrupps die Streckbalken auf und hängten sie mit den Dollen in die Löcher der Holmlaschen ein.

Die 4. Strecke wird montiert. Schritt für Schritt entstand so eine Brückenstrecke nach der anderen.

Alles läuft zügig Hand in Hand. Die Brücke steht vor der Fertigstellung. Auf der letzten Strecke sind die ersten Streckbalken bereits mit dem Uferbalken verbunden.

Letzte Handgriffe und im Laufschritt geht es ans Ufer.

„Brücke frei!"

Länge: 20 m; Tragfähigkeit: 40 t; Bauzeit: 23:50 Minuten!

Belastungsprobe bestanden!

Der Bautrupp hatte sich die Pause redlich verdient.

Aufmerksame Zuschauer waren stets zugegen.

Da beim Bau alles gut ablief, gingen auch die letzten Handgriffe der schweren Arbeit leichter von der Hand.

Für eine zerlegbare Brücke genauso wichtig wie der Bau: Auch der Abbau der Brücke hatte zügig zu erfolgen. Die nächste Übersetzstelle wartete vielleicht schon!

Bald ist der letzte Balken verladen und der Abmarsch kann beginnen.

Feierabend im Feldlager.

Die Unteroffiziere vor ihrem Zelt und nach Dienst: „Frohes Jugendleben" auf der Wiese hinter den Zelten.

Feierabend, leider nicht für alle! Manne Marx und andere haben Küchendienst: Kartoffelschälen für die hungrigen Pioniere.

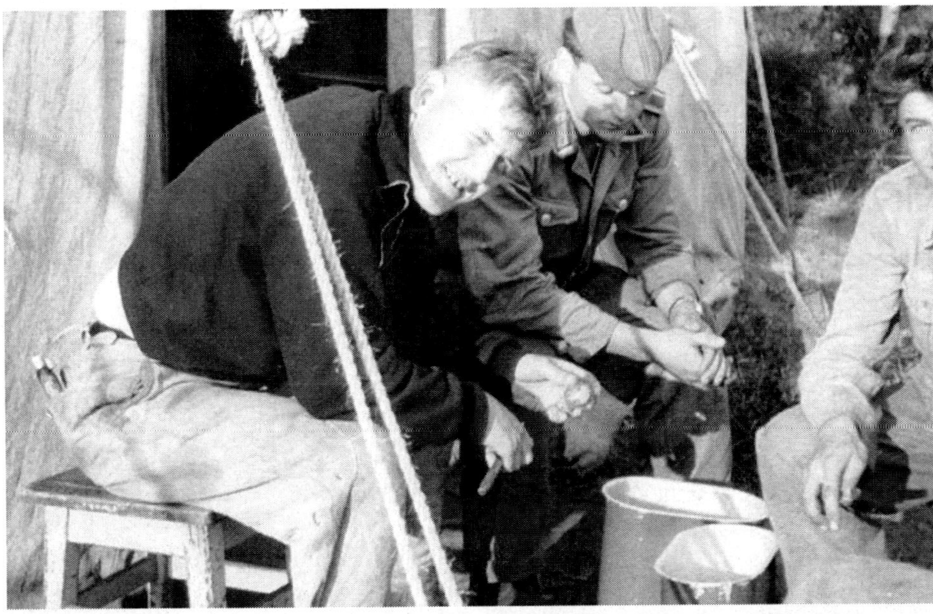

Hier eine willkommene Zusatzaufgabe für die Pioniere: Kinder aus dem Ferienlager Bad Sülze des Stadtbezirkes Berlin-Köpenick besuchen das Feldlager und überreden die Pioniere, mit ihnen eine Bootsfahrt auf der Recknitz zu unternehmen.

Das Sommerfeldlager der Pionierkompanie des MSR-28 an der Recknitz bei Bad Sülze 1962 ist beendet. Die Zelte werden abgebaut.

Appell der Pionierkompanie vor dem Rückmarsch in die Kaserne nach Rostock.

Die Ausbildung geht weiter und neue Herausforderungen warten wie hier an der Warnow bei Schwaan. Unter anderem bauten die Pioniere auch eine Schlauchbootfähre aus drei Schlauchbooten 2,5. Die 7,5 t Tragfähigkeit langte damals zum Übersetzen kleinerer Fahrzeuge und Artilleriegeschütze.

Rechts: Unteroffizier Appelmann mit der Besatzung einer AT-S der Pionierkompanie. Sie zog einen Grabenpflug. Anfangs besaß die Pionierkompanie einen sowjetischen Grabenpflug PLT-60 und danach die DDR-Eigenproduktion GP-60. Die 60 steht für eine Grabentiefe bis zu 60 cm. Die AT-S konnte aber auch mit dem Planierschild OST arbeiten, das über die Seilwinde der Maschine bedient wurde.

Unten: 1961 erhielt die Kompanie solch ein sowjetisches B-Krad M-72, die etwas später einer MZ weichen musste.

1964. Feldwebel Appelmann im SPW 152, der als Zugmittel für das Minenlegegerät, zunächst den sowjetischen PMR-3, später für das MLG-60 aus DDR-Produktion diente.

Mit dem Minenlegegeräten (oben rechts und unten) war das offene und verdeckte Verlegen von Panzerminen möglich.

Links:
Zum Vermessen der Minensperren führte man das Minenfeldfixiergerät (Artillerie-Richtkreis PAB-2A) ein.

Unten:
Der LKW URAL löste wenig später den SPW-152 als Transport- und Zugmittel ab.

Sondereinsätze

Einsatz der Pionierkompanie des MSR-28 im Erdölverarbeitungswerk (EVW) Schwedt, Anfang 1964

Zunächst wurde die Pionierkompanie des MSR-28, ihrer vielen technischen Spezialisten wegen, als einzige Kompanie beim Rohrleitungsbau im VK-Ausgangslager sowie im Kraftwerk eingesetzt.

Danach kam sie wie die anderen Einheiten bei Arbeiten zur Isolierung von Rohrleitungen zum Einsatz.

Auch solche Aufgaben waren nebenbei zu erfüllen: Unterfeldwebel Appelmann, Wachhabender der Objektwache der Kaserne in Prenzlau, die als zeitweilige Unterkunft beim Einsatz1964 in Schwedt diente.

Auch die Angehörigen des Mot.-Schützenbataillons vom MSR-28 erreichten beim Einsatz im EVW hervorragende Leistungen.

Major Fischer (oben), Kdr-MSB und Hptm. Schweiger, KC im MSB mit Angehörigen des Bataillons (unten) bei der Auszeichnung durch den Chef des Militärbezirkes, Generalmajor Bleck.

Der Minister für Bauwesen der DDR, Wolfgang Juncker, zeichnete Pioniere für ihre gezeigten Leistungen aus. Zwischenzeitlich gab es Geldprämien aber auch Auszeichnungen, beispielsweise als Aktivist, die ebenfalls mit finanziellen Zugaben versehen waren, wie sie im normalen Dienstbetrieb in der Kaserne kaum zu bekommen waren. Das hob natürlich die Stimmung und milderte besonders bei den Berufssoldaten etwas die mit der Abwesenheit von ihren Familien verbundenen Belastungen. Zum Abschluss des Einsatzes im Erdölverarbeitungswerk Schwedt gab es noch einmal für viele staatliche Auszeichnungen und ein großes Bankett im Hotel Uckermark in Prenzlau, dem Unterbringungsort des Einsatzkommandos EVW Schwedt, beschloss das Ganze.

Abschlußappell des Einsatzkommandos der Nationalen Volksarmee im Erdölverarbeitungswerk Schwedt. Der Chef des Dienstbereiches, Generalmajor B l e c k, spricht Dank und Anerkennung für hervorragende Arbeitsleistungen aus. Fünf Verdienstmedaillen und dreizehn Leistungsabzeichen der Nationalen Volksarmee werden verliehen.

Die hohe Auszeichnung „Kollektiv der sozialistischen Arbeit" erhalten im Auftrage des Volkswirtschaftsrates die Einheiten Fischer und Ströde, die Kompanien Fedrau und Biewald sowie das Kollektiv der Einsatzleitung. Major H o f f m a n n wird „Verdienter Aktivist". Mit der Artur-Becker-Medaille werden in Würdigung der entwickelten Masseninitiative zur Vorbereitung des Deutschlandtreffens u. a. die Kompanien Löffler und Klaube geehrt.

Der Katastrophenwinter 1978/1979

Er forderte das ganze Land heraus, also auch die Nationale Volksarmee. Im Norden der DDR hatte die 8. MSD infolge ihrer Personalstärke und Ausrüstung an vielen Stellen Hilfe zu leisten, so wie in den Bildern an der Bahnstrecke zwischen Rostock und Schwerin bei Lübstorf, wo Angehörige des MSR-28 zum Einsatz kamen.

Alles was an Pionierausrüstung einsetzbar war, kam auch zum Einsatz. Pioniertechnik mit Planierschildern sowie andere Erdbearbeitungsmaschinen halfen vor allem auf den Straßen des Landes den Schneemassen zu Leibe zu rücken, da sie sich weniger zum Einsatz am Schienennetz der Reichsbahn eigneten. Um die Bahnstrecken frei zu bekommen, musste der gute alte UB-1, der Universalbagger-1, also der Pionierspaten und die Schaufel ran, angetrieben von der Muskelkraft der Armeeangehörigen.

Alle Schanzgeräte dieser Art einschließlich der Reserven hatten dafür bereit zu stehen. Die Bilder zeigen eindringlich, was die eingesetzten Soldaten damit fertig brachten, bis es gelang, spezielle Technik der Bahn zur weiteren Unterstützung heranzuführen!

Oberoffiziere Pionierwesen des MSR-28

Dritter von Links: Major Jürgen Fedrau als Oberoffizier Pionierwesen des MSR-28

Links: Major Jürgen Dienemann
Er kam als Zugführer, wurde Kompaniechef und Oberoffizier Pionierwesen des MSR-28.

Sein Nachfolger und letzter Oberoffizier Pionierwesen des MSR-28, Major Jühlke (kein Bild), nahm denselben Weg im Regiment.

Unten: Major Dienemann als Flügelmann in der Antreteordnung des Stabes vom MSR-28.

Major Dienemann, bei der Ausbildung von Soldaten im Sprengdienst: Übung im Zünden einer Zündschnur.

Ein Pionier bei der Ausbildung im Verlegen und Aufnehmen von Panzerminen, hier des Typs PTMiBa III Üb.

Panzer des Panzerbataillons des MSR-28 mit den Anbaugeräten: Minenräumgerät KMI-4 und Planiereinrichtung BTU-55.

Ein Panzer des Panzerbataillons des MSR-28 mit der Planiereinrichtung BTU-55 auf dem Marsch und nach der Schaffung einer Feuerstellung für einen Panzer.

Immer wieder kreuzten sich so die Wege von Pionieren bzw. zeitweiliger Angehörigen von Pioniereinheiten wie hier links beim Truppenbesuch des ersten Olympiasiegers der DDR, des Boxers H. Behrend. Neben ihm stehen zwei Offiziere, die ebenfalls durch das PiB-8 gehen werden: 3. v.l.: Hptm. B. Neumann, später Stellv. des K-PiB-8 und an seiner linken Seite Hptm. Kassner, zeitweilig Offizier Panzertechnik im PiB-8. Rechts: Hptm. Bernd Neumann (re.), hier noch als Stellvertreter des Kdr's. Panzerbataillon MSR-28, Major Wruck (Mitte).

Hauptmann Willi Pufahl: An ihn erinnern sich eine ganze Anzahl von Pionieren, die die Pionieroffizierschule in Dessau absolvierten, wo er einst stellvertretender Kompaniechef der Offizierschülerkompanie von Herrmann Streichert war, geschätzt als zurückhaltender und angenehmer Vorgesetzter.

Links: Willi Pufahl nun als Stellvertreter des Kommandeurs des I. MSB im MSR-28.

Öffentlichkeitsarbeit

Auch der Pionierzug des MSR-28 hatte Ende der 50-er Jahre Teile des vom PiB-8 abgegebenen leichten Pontonparkes LPB erhalten, da im PiB-8 der schwere Pontonpark SPB an seine Stelle trat. Wie anderswo eignete er sich auch am Tag der offenen Tür am 1. März 1959 im MSR-28 hervorragend als Tribüne.

Truppenbesuch im MSR-28

Ein Grabenbagger BTM der Pionierkompanie neben einem Panzer des Panzerbataillons vom MSR-28. Rechts: Oberstleutnant Bernd Phillip, stellv. Kdr-MSR-28, zeitweilig auch Angehöriger des PiB-8.

Im Traditionskabinett des MSR-28 erinnerte manches auch an die Tätigkeit der Pioniere des Regimentes. U. a. ist es auf dem Bild das stark vergrößerte Erinnerungsabzeichen an das Manöver Quartett, welches der KC der Pionierkompanie einst anfertigte, rechts unter dem Bild an der Wand.

Eine der siegreichen Mannschaften im Offiziersmehrkampf der Division, darunter Herbert Wrage (stehend zweiter von links), ab Ende 1961 einige Zeit StKCTA der Pionierkompanie des MSR-28.

Pioniere im MSR-29

Das Mot.-Schützenregiment 29 ging aus dem A-Kommando der Kasernierten Volkspolizei in Prora hervor.

Inschrift am Ehrenmonument der „Ernst-Moritz-Arndt-Kaserne", der Kaserne des MSR-29 „Ernst-Moritz-Arndt" in Prora.

„Das ist die wahre Soldatenehre, dass der Soldat ein edler Mensch und treuer Bürger seines Vaterlandes ist."

Ernst-Moritz-Arndt

Taktische Fahrzeugkennung an der Technik des MSR-29: Links eine ältere Kennung im Divisionsrahmen. Mitte: Im Rahmen des MB-V die für KFZ, rechts für die Panzertechnik. Die 9 an zweiter Stelle steht für die Pionierkompanie.

Langjähriger Offizier Pionierdienst des MSR-29 war Major Reinhold Kreusel bis 1964, 1964-1966 bekleidete diese Funktion Hptm. Dietrich Biewald. Danach folgten Jürgen Fedrau. Kurt Stütze, Hptm. Pilz und Oltn. Winkelmann.

Links: Heinz Völter, Zugführer/Kompaniechef des Pionierzuges/der Pionierkompanie im A-Kommando/MSR-29. Darüber hinaus war „Hein" Musikant, ein prima Kumpel und ein plattdeutsches Original.

Rechts: Otto Hanf, ab 1955 Pionierzugführer im MSR-29 in Prora, beim Halt auf dem Berliner Ring mit seiner AWO während der Rückfahrt vom Urlaub im Süden der DDR.

Der Stab des MSR-29 in Prora. Obere Reihe, 6. von links: Kurt Stütze, OO Pi-Wesen des MSR-29.

Pionierkompanie des MSR-29. Dritter von links: Oberleutnant Aschendorff, ASB-Zugführer von 1961-64, mit seinen Gruppenführern mit den zur Erprobung ausgegebenen ersten Wintermützen der NVA.

Eine der ersten wirklichen Pioniermaschinen: Die Straßenbaumaschine BAT der Pionierkompanie des MSR-29.

Unten:
Artilleriezugmittel AT-S der Pionierkompanie, für das Ziehen des Grabenpfluges bestimmt und mit einem Planierschild OST ausgerüstet.

Die Pionierkompanie des MSR-29 in Prora bei der Vorbereitung zum Bau einer Behelfsbrücke für die Marschstrecke der SPW vom Binzer in Richtung Dollahner Schießplatz.

Die Pionierkompanie des MSR-29 mit Spaten und Schaufel im Einsatz zum Ausbau der Ausbildungsbasis. Immerhin schon mit LKW G-5 und mit Förderband. Bagger und Kipper gab es noch nicht.

Sondereinsätze

1964, Abschluss des Einsatzes im Erdölverarbeitungswerk von Schwedt.

Der Chef des Militärbezirkes V, Generalmajor Martin Bleck, beglückwünscht den Kompaniechef der Pionierkompanie des MSR-29, Hauptmann Fedrau, zur Auszeichnung als Aktivist und seiner Kompanie als „Kollektiv der sozialistischen Arbeit".

Jürgen Fedrau übernahm 1966 von Hauptmann D. Biewald die Funktion als OO Pi-Wesen. Letzter OO Pi-Wesen nach Major Pilz war Roland Holz.

Der Katastrophenwinter 1987/1979 auf der Insel Rügen

Auf Rügen brachte der Schnee und Wind mit die höchsten Schneeverwehungen: wohl an die 4-5 Meter hoch! Züge, die total eingeschneit waren, bildeten einen unvergesslichen Anblick und der manuelle Einsatz der Soldaten mit Spaten und Schaufel ein ebenso unvergessliches Handeln.

Angehörige des Mot.-Schützenregimentes 29 beim Schneebeseitigen. Von der Schaufel bis zur BAT kam alles an dafür brauchbarer Pionierausrüstung zum Einsatz.

Der Kasernenname hat schon etwas Besonderes an sich: Erst wanderte er in Prora von SO nach NW und dann nach Hagenow und die Kaserne heißt auch heute noch so!

Pioniere im Panzerregiment 8

Das PR-8 entstand mit Gründung der NVA 1956 aus dem bestehenden C-Kommando der KVP in Prora, untergebracht in einem der langen Blöcke von Prora. Anfangs noch fast ein Rohbau, erhielt es in der 2. Hälfte der 50-er Jahre einen Verputz.

Der Pionierzug des PR-8, in der Führungskompanie eingeordnet, hatte seine Unterkunft im äußersten rechten Aufgang.

Das Pioniergerätelager hatte einen Raum unten genau in der Mitte dieser Ruine (links) und später im ersten Querblock unten. Darüber befanden sich die Unterkünfte der ledigen Berufsunteroffiziere und Offiziere.

Von der Rückseite des langen Blockes hatte man bei gutem Wetter, im Sommer wie im Winter, eine fantastische Sicht über die Ostsee. Bei Sturm und Regen sah das allerdings nicht nur anders aus, es hatte auch oft unangenehme Effekte beim Dienst im Gelände.

Das PR-8 verlegte im Jahr 1964 in die neu erbaute Kaserne bei Goldberg. Am 30. November 1964 erhielt die Kaserne in Anwesenheit des Ministers für Nationale Verteidigung der DDR, Armeegeneral Hoffmann, den Namen

Am 27. 02. 1971 verlieh der Ministers für Nationale Verteidigung, Armeegeneral Hoffmann auf der Grundlage des Beschlusses des Ministerrates der DDR dem PR-8 den Ehrennamen

„Artur-Becker-Regiment"

Links hinter der zum Appell angetretenen Formation das Unterkunftsgebäude der Pionierkompanie.

Rechts unten:
Taktische Fahrzeugkennung an der Technik des PR-8: Links eine ältere Kennung im Divisionsrahmen. Mitte: Im Rahmen des MB-V die für KFZ, rechts für die Panzertechnik. Die 9 an zweiter Stelle steht für den Pi-Zug/die Pionierkompanie.

Links: Hauptmann Paul Richter, Offizier Pionierdienst des Panzerregimentes 8. Er war nie aus der Ruhe zu bringen. Sein Nachfolger wurde Horst Bading.

Rechts: Frisch von der KVP-Offizierschule Dessau II zum C-Kommando Prora versetzt: Unterleutnant Dietrich Biewald in KVP-Ausgangsjacke.

Übergangszeit: Links, als Leutnant in der KVP-Dienstuniform, aber schon mit NVA-Effekten und rechts mit der ersten NVA-Ausgangs- und Paradejacke.

Unten:
Der Pionierzug des PR-8 im November 1956 beim Ernteeinsatz in der LPG Lancken-Saßnitz. Links: Uffz. Schulz II, denn auch der andere Gruppenführer hieß Schulz.

Rechts: Eine zierlich aussehende, aber starke Frau im Gespräch mit dem SPW-Fahrer des Pi-Zuges. Sie besaß mehr Kraft als mancher der Soldaten. So schaffte sie beispielsweise im Fingerhakeln keiner der Männer!

Der Pionierzug des PR-8 im gemeinsamen Sommerfeldlager der Pioniere der 8. MSD an der Havel in der 2. Hälfte der 50-er Jahre.

Die LKW H3A sind von der Transportkompanie des PR-8 „ausgeliehen". Zu dieser Zeit besaß der Zug noch keine LKW.

Die Ponton-Rudermannschaft des Pi-Zuges des PR-8, unter Führung von Fw. Pechold, errang den 2. Platz, nur um Ruderblattbreite hinter der des Pionierbataillons 8.

Links: Feldwebel Pechold; Rechts: Unteroffizier Schulz I, 3. v. links : Soldat Max Schiriot, er wurde später noch Offizier.

Wasserparade nach dem Sportfest mit den Siegermannschaften, die Ruder im Präsentiergriff, im Schlepp eines Schwimmwagen BAW.

„Mir nach!“

Oberfw. Pechold, stellv. Zugführer des Pionierzuges des PR-8. Ein ganz feiner Kerl.

Der Stahlhelm anfangs noch mit Emblem!

Ausbildung des Pionierzuges des PR-8 in der zweiten Hälfte der 50-er Jahre.

Gruppenführer Uffz. Brüshaber mit einem Schlauchboottrupp des Pionierzuges bei der Gewässeraufklärung nahe der Ortschaft Wreechen auf Rügen.

Die persönlichen Waffen im Pionierzug. Gruppenführer: die MPi 41; die Pioniere: den Karabiner 44 (noch aus dem Krieg; nur einer davon schoss genau).

Der Zugführer hatte eine Pistole TT (mit gleicher Munition wie die der MPi 41).

1958: „Schaulaufen" von Angehörigen des Pionierzuges des Panzerregimentes 8 für einen Fotoreporter der Armeerundschau auf dem „Tankodrom", dem Panzerübungsplatz bei Lubkow. Seit Kurzem gab es Schutzmasken und Schutzstrümpfe. Das wollte man auch den Lesern der „AR" zeigen. Der Zugführer knipste mit!

In der 2. Hälfte der 50-er Jahre: Sommerfeldlager der Pionierzüge der Truppenteile der 8. MSD an der Peene bei Upost.

Ausbildung des PiZ/PR-8 mit dem leichten Pontonpark LPB.

Mitte:
Trockentraining im „Bolzen" der Streckbalken.

Die Fähre ist gebaut. Mangels Bockstrecke wird ein Anleger mit Streckbalken errichtet.

Selbsthilfe war bei den Pionieren schon immer ein wichtiges Element des Handelns:

Der Pionierzug des Panzerregimentes 8 in der 2. Hälfte der 50-er Jahre bei der Erprobung selbst angefertigter mechanischer Unterstützungsmittel für den Spurbahnbrückenbau, ebenfalls selbst hergestellt: Der Zug beim Abladen und Verlegen eines Schwelljoches.

„Mechanisierung" des Spurbahnbrückenbaus in den 50-ern bis in die 60-er Jahre:

Abladen und Verlegen einer Spurbahn mittels aufmontiertem Rahmen, in den Spriegel-Abmessungen des LKW und daran angeschraubtem Ausleger mit Laufkatze für einen Flaschenzug. Sie „rollte" an alten Feldbahnschienen per Muskelkraft. Am Fahrzeug selbst durften keine Veränderungen vorgenommen werden.

Prora in der 2. Hälfte der 50-er Jahre: Im Hintergrund die Trümmer des nach 1945 durch die Sowjetarmee gesprengten Blockes I

Links der Block II, zum Großteil noch unzerstört.

Vom Zugführer zunächst verweigert, dann vom Pionierzug des PR-8 widerstrebend abgesprengt: Querblöcke vom Block II. Man benötigte die Ziegel lediglich zur Nutzung als Packlager für die neuen Schussbahnen der Panzer auf der Halbinsel Thiessow. Die Sprengung diente nicht der Blockzerstörung an sich!

Pause bei der Ausbildung auf dem Schießplatz im Frühjahr 1959.

Der Zugführer des Pionierzuges, Oberltn. D. Biewald, mit der damaligen Wintermütze.

1. März 1957 in Prora, der erste Jahrestag der Nationalen Volksarmee der DDR.

Nach dem Appell fand auf der Straße Binz-Saßnitz eine große Parade aller Truppenteile der Garnison statt. Auch T-34 des PR-8 nahmen daran teil.

Freizeit

Der Rest des Tages war sportlichen Veranstaltungen und individueller Gestaltung überlassen.

Soldaten des Pionierzuges des Panzerregimentes 8 beim Feiern. Auch der Zugführer des Pionierzuges des Panzerregimentes 8, Leutnant D. Biewald, feiert (schluckt) mit!

Ausgang nach Binz, das bot sich immer an.
Frühjahr 1958: Dietrich Biewald und Gerhard Thoma.

Sommer wie Winter: Mit Erwerb eines mobilen Untersatzes, ausschließlich Motorräder, denn einen PKW hatte noch keiner, erkunden die Ausgänger die Insel. Gerd Thoma, Dietrich Biewald, Gerhard Seifert und ...

Oltn. Mischok, Ltn. Gerd Thoma.

Himmelfahrtstour 1959 nach Hiddensee

Per Bus geht es nach Baabe und von dort per Schiff nach Hiddensee.

Bei der Hinfahrt sind alle noch relativ nüchtern: Baumbach, Biewald, Winski.

9. 10. 1960. Mit dem neuen Fährschiff SASSNITZ geht es nach Trelleborg. Mit an Bord: Biewald, Reinke, Impe, Ha-Jo. Traebert, Suckow.

Eintagsreise
Endagsresa

Saßnitz Hafen—TRELLEBORG F
und zurück och åter
Gültig am
Gäller den 19
2. Kl № 01431 16,— DM

Leider konnte man in Trelleborg nicht von Bord aber das Schiff bot schon allerhand. Neben dem zollfreien Einkauf begrenzter Mengen von Spirituosen, Tabakwaren, Schokolade etc:. lockte auch die Bordgaststätte. Das waren noch Preise: Mittagessen und mehrere Getränke für nur 3,55 Mark!

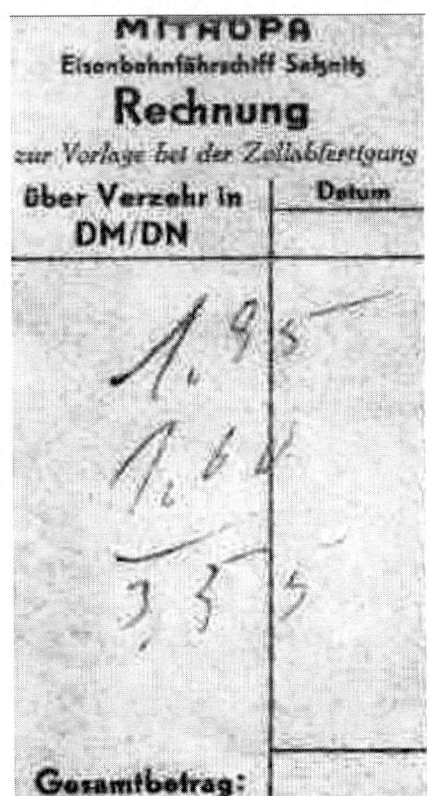

MITROPA
Eisenbahnfährschiff Saßnitz
Rechnung
zur Vorlage bei der Zollabfertigung
über Verzehr in DM/DN | Datum

1,95
1,60
3,55

Gesamtbetrag:

Die Pionierkompanie des PR-8

Mit Verlegung des PR-8 nach Goldberg und der Ausrüstung mit dem Panzer T-54, später dem T-55, die unterwasserfahrtauglich sind, ändern sich auch Ausrüstung, Aufgaben und Struktur der Pioniere im PR-8.

Aus dem Pionierzug wird bald eine Pionierkompanie. Die Straßenbaumaschine BAT, später die BAT-M, der Autobagger E 305-W und der Brückenlegepanzer BLG-60 halten Einzug.

Ein BLG-60 der Pionierkompanie des Panzerregimentes 8 beim Ablegen der Brücke zur Wartung.

Pioniersicherstellung der Unterwasserfahrt der Panzer, eine der Aufgaben der Pioniere des Panzerregimentes 8.

Die Aufklärung und Sperrenräumung war dabei eine der ersten Aufgaben der Pioniere. Tiefe und Beschaffenheit des Flussgrundes konnten die Pioniere mit dem an dem Schwimm-SPW 50-PK, dem Schlauchboot bzw. dem danach zugeführten Rettungs- und Sicherungsboot anzubringenden Flussprofilechografen bestimmen.

Die Pioniertaucher der Pionierkompanie des PR-8 klärten den Flussgrund direkt auf und beseitigten evtl. vorhandene Sperren und Hindernisse.

Die Ausbildung der Panzerbataillone in der Unterwasserfahrt an der Elbe bei Kehnert bildete einen der Höhepunkte ihrer Gefechtsausbildung, geleitet von einer operativen Gruppe des Divisionsstabes. Die Pioniersicherstellung war unerlässlich. Im RBK, dem Rettungs- und Bergekommando, handelten als Bergekommando die Panzertechniker und die Pioniere als Rettungsdienst auf dem Wasser. Bevor die eigentliche Unterwasserfahrausbildung der Panzer begann, hatte das RBK das Bergetraining zu absolvieren.

Erst dann kamen die Panzer zum Zuge: Einzeldurchfahrt mit dem großen Rohr, Einzeldurchfahrt mit dem UF-Rohr und abschließend im Kompaniebestand durch die Elbe.

Pioniersicherstellung bei der Unterwasserfahrt der Panzer:

Bei einem im Fluss stehengebliebenen Panzer hatte der Schäkeltrupp der Pioniere vom Boot aus am Panzer mittels der schwimmenden Bojenleine die daran befestigten Schlepptrossen hochzuziehen und sie mit denen des Bergepanzers zusammen zu schäkeln.

Der Rettungstrupp aus der Pionierkompanie des Panzerregimentes 8 auf dem RuSB, dem Rettungs- und Sicherungsboot. Es löste die Schlauchboote mit den wenig verlässlichen, eigentlich nur für kleine Sportboote konzipierten Außenbordmotoren „Forelle" ab, welche besonders empfindlich reagierten, wenn sie etwas vom aufspritzenden Wasser infolge der Abgase des Panzers abbekamen.

Das RuSB fährt an den stehenden Panzer, um dessen Trossen mit denen des Bergezuges zu verbinden.

Schlauchboot des Rettungstrupps der PiK des PR-8 beim Bergetraining zur Unterwasserfahrt der Panzer an der Elbe, besetzt mit Truppführer/1. Bootsmaschinist, 2. Bootsmaschinist, Schäkeltrupp, Pioniertauchern und einem Funker.

Oben:
Beim Bergetraining zur Unterwasserfahrt der Panzer an der Elbe bei Kehnert. Der Rettungstrupp bei der Anfahrt an einen im Fluss stehengebliebenen Panzer, um ihn mit dem Bergepanzer per Schäkel zu verbinden.

Rechts:
Eine Panzerbesatzung mit ihren Tauchrettungsgeräten, die während der Unterwasserfahrt anzulegen waren.

Da die Pioniertaucher des Rettungstrupps gegebenenfalls in den Panzer einzusteigen hatten, um Besatzungsmitglieder zu retten bzw. den Gang herauszunehmen, damit der Bergezug den Panzer herausschleppen konnte, nutzten sie dafür auch diese Geräte, denn ihre größeren Flaschentauchgeräte behinderten dieses Handeln. Lukenschlüssel zum Öffnen der Turmluken gehörten somit auch zum Gerätebestand des Rettungstrupps.

Pioniersicherstellung bei der Unterwasserfahrt der Panzer an der Elbe bei Kehnert.

Der Rettungstrupp. Etwas schützten die Schwimmwesten bzw. Schwimmjacken vor Wasser und Wind.

Oberfeldwebel Hoier, Oberleutnant Töpsch, Oberleutnant Rohmann

Leutnant Normann, Oberfeldwebel Hoier, Oberleutnant Töpsch, Major Treppner, Oberleutnant Rohmann, Feldwebel Lenz

Was einzelne Panzer so mit sich herumschleppen mussten, kam auch von den Pionieren:

Die Panzerplaniereinrichtung BTU-55 sowie das Anbauminenräumgerät mit der Messersektion KMT-4 zum Ausheben von Minen im Kettenspurbereich und der Rollensektion KMT-5 zum Auslösen der Minen durch das Gewicht der Rollen.

Die KMT-4 hatten ihren Platz permanent am Panzer.

Die KMT-5 transportierte jeweils ein LKW Kras 214/255. Sie montierte man erst vor dem Einsatz an die kufenartigen Halterungen wie sie unten im Bild bei dem zur feldmäßigen Instandsetzung vorgesehenen Panzer sichtbar sind. Damit zog man sie sozusagen vor dem Panzer vorher.

Hilfeleistung im Katastrophenwinter 1979. Alles an Pionierplaniertechnik kam zum Einsatz sowohl die BAT/BAT-M der Pionierkompanie, die Pionierbautechnik T-100 mit Planiereinrichtung D-492 A als auch die Panzer mit der Planiereinrichtung BTU-55 und selbstverständlich alles an Schanzgerät. Unten: Eine Planierraupe T 100 der beim Schneebeseitigen im Katastrophenwinter 1979.

Eine Einsatzgruppe unter Leitung von Hauptmann Herrmann erkundete eine Trasse zur Ortschaft Karow. Schwangeren jungen Müttern sowie Kranken und älteren Bürgern konnte die erforderliche medizinische Betreuung gewährleistet werden. Teile unseres Regiments waren in der Bezirksstadt und im Landkreis Hagenow eingesetzt. Sie räumten die Eisenbahnstrecke Schwerin-Bad Kleinen und sicherten die Versorgung der Bevölkerung und der landwirtschaftlichen Produktion im Kreise Hagenow. Desweiteren wurden Räumungsarbeiten auf der Eisenbahnstrecke Parchim-Crivitz und auf dem Bahnhof Crivitz durchgeführt. Ein Einsatzkommando unter der Leitung von Major Kosmehl unterstützte den staatlichen Winterdienst im Kreisgebiet Parchim bei der Räumung von Straßen. Durch die staatlichen Organe wurden die guten Leistungen der Artur-Becker-Soldaten gewürdigt. Es erfolgten staatliche Auszeichnungen als Aktivist, Verleihung von Ehrenurkunden und Prämien sowie die Auszeichnung mit der Verdienstmedaille der Deutschen Reichsbahn.

Freizeit

Angehörige der Pionierkompanie des Panzerregimentes 8. Hinten Mitte: Hauptmann Boyke, rechts: Oberltn. Krug.

1972, Kompaniefest in der Pionierkompanie des Panzerregimentes 8

Rechts: StFw. Gerlach, Hauptfeldwebel der Pionierkompanie, und Major Treppner, Oberoffizier Pionierwesen des PR-8.

3. von links: Hauptmann Taube, Kompaniechef und 2. von rechts:Leutnant Normann, Zugführer in der Pionierkompanie

1972, Kompaniefest in der Pionierkompanie des Panzerregimentes 8

Dritter von rechts: Hauptmann Boyke,

„Artur-Becker"-Klubhaus der Kaserne. Im Traditionskabinett des Panzerregimentes 8:

Vorn: Oswald Strutz, Oberoffizier Pionierwesen des Panzerregimentes 8 nach Arno Treppner.

Arno Treppner, ehemaliger Oberoffizier Pionierwesen des Panzerregimentes 8, (5. von links)

Arno Treppner mit Gattin.

Links: Major Hammerschmidt, bei den Pionieren Stellvertreter des Kommandeurs für Technik und Ausrüstung im PiB-8 und für mehrere Monate Kommandeur eines in Verantwortung des Leiters Pionierwesen der 8. MSD handelnden Kommandos beim Gasleitungsbau im Norden der DDR.

Rechts: Ein Veteran des PR-8, der bereits in Prora in der Führungskompanie des C-Kommandos wirkte, der auch der Pionierzug zugeordnet war. Im Hintergrund „Ossi" Strutz.

Rechts: Oswald „Ossi" Strutz, Zugführer des Landeübersetzzuges sowie Kompaniechef der Pontonkompanie des Pionierbataillons und danach Oberoffizier Pionierwesen des Panzerregimentes 8

Rolf Zander (Mitte), letzter Kommandeur der 8. MSD, mit dem letzten Oberoffizier Pionierwesen des PR-8, Major Rüdiger Dohse (li) und Oberstleutnant Fritz Hopusch, ehemals StKTA des PiB-8, nun StKTB des PR-8.

In der „Artur-Becker-Kaserne" nach der Wende: Vereidigung auf die BRD. Links im Fahnenkommando Rüdiger Dohse.

Im Speisesaal der ehemaligen "Artur-Becker-Kaserne.

Generalleutnant a. D. Horst Zander, längere Zeit selbst im Panzerregiment 8 als StK und als Kommandeur tätig, zu Gast beim Pionierball 2005 der Pionierkameradschaft Schwerin.

Oberst a. D. Rolf Zander, letzter Kdr. der 8. MSD, zu Gast beim Pionierball 2005 der Pionierkameradschaft Schwerin.

Pioniere in anderen Truppenteilen und Einheiten

Zeitweilig bestand in der Division das Panzerlehrbataillon 8, hervorgegangen aus der Lehreinheit des des Panzerregimentes 8.

Fünfter von links: Horst Bading, Offizier Pionierdienst im Pz-Lehrbataillon 8 in einer Reihe mit Gerd Thoma (1. v. l.) und Eugen Sagajewski (7. v. Li.),

Links: Horst Bading (1. von links) und Eugen Sagajewski (3. von links) in der 2.Hälfte der 50-er Jahre in Prora.

Rechts: Horst Bading (1. von links) und Eugen Sagajewski (1. von rechts) am 17. 12. 2005.

Der Stab des Artillerieregimentes 8.

Erster von links: Major Gerhard Linke, Oberoffizier Pionierwesen des AR-8. Im AR-8 gab es keine Pioniereinheit. Letzter OO: Wolfgang Gütte.

Anm.: Im FRR-8 gab es den OO PiW, längere Zeit Major Elsner, letzte OO: Leimner, Christian, und eine technische Pioniergruppe.

Taktische Fahrzeugkennung von AR-8 (li.) und FRR-8 (rechts) analog zu anderen Truppenteilen. Die alte Kennung AR-8 ist nicht bekannt.

Das Divisionspionierlager als Teil des Divisionslagers 8, zunächst selbstständig, gehörte danach zum Transportbataillon 8.

Es hatte über lange Jahre seinen Standort in der „Herbert-Tschäpe-Kaserne" bei Karow, gemeinsam mit dem Sanitätsbataillon 8 und der Feldbäckereikompanie 8. Aus dem Transportbataillon wurde später mit dem Divisionslager und der Feldbäckereikompanie das BMS-8, das Bataillon Materielle Sicherstellung 8.

Taktische Fahrzeugkennung an der Technik des TB-8/BMS-8: Links eine ältere Kennung des TB-8 im Divisionsrahmen. Rechts: Im Rahmen des MB-V die Kennung für KFZ des BMS-8. Über gepanzerte Technik verfügte es nicht.

Im stationären Betrieb lag das Divisionspionierlager in einem Teil dieses großen Lagerkomplexes mit Gleisanschluss und Freilagerbereich auf der anderen Gebäudeseite.

Zunächst zog nach der Wende die Bundeswehr in die „Herbert-Tschäpe-Kaserne" ein und änderte ihren Namen. Im Jahr 2008 war die Kaserne bereits leer gezogen und stand zum Verkauf.

Im Felddienst transportierte das BMS-8 die Riesenmengen an Nachschubgütern, einschließlich der Spreng- und Sperrmittel, der Verbrauchs- und Ersatzteile für die Pioniere usw., vorrangig mit Sattelaufliegern auf dem LKW TATRA 148.

Unten:
Einer der mitgeführten Massenartikel unter den Pionierausrüstungsgegenständen für alle Truppenteile und Einheiten: Schanzzeug, in unterschiedlichen Größenordnungen vom Divisionspionierlager aber auch von den Truppenteilen und Einheiten mitgeführt.

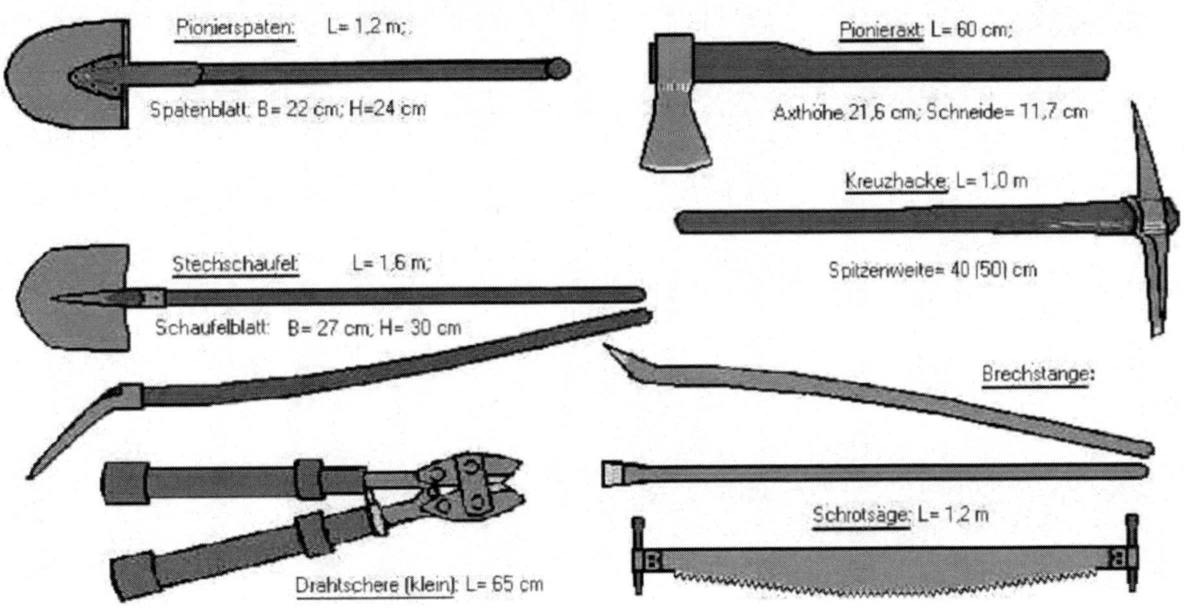

Weitere Massenartikel unter den Pionierausrüstungsgegenständen in allen Truppenteilen und Einheiten: Tarnsätze unterschiedlicher Größe für Kampftechnik aller Art, auch für das BMS-8, wie oben bei der Nutzung unter den prüfenden Blicken des Bataillonskommandeurs, Oberstleutnant Belz zu sehen.

Bei den Tarnnetzen begann es mit einfachen Netzen, in welche man Stoffstreifen einzuflechten hatte, die in unterschiedlichen Farben von weiß über grün und braun dazu gehörten. Das war mühselig und führte oft zu obigen Ergebnissen, also ohne bzw. mit unzureichender Anzahl der Streifen im Netz.

Die nächste Generation der Tarnnetze hatte eine Fleckentarnung durch thermisch aufgebracht Flecken in unterschiedlicher Farbe.

Ihre Ablösung bestand aus Tarnnetzen mit einer Art gekräuselter und miteinander verbundener Streifen, welche nicht nur die optische Tarnung realisierte, sondern auch eine gewisse Infrarot- und Radartarnung mit einschloss.

In den 60-er Jahren erforderte die Einführung von immer mehr Technik in die Pioniereinheiten auch entsprechende Kapazitäten für ihre Truppeninstandsetzung. Die zunächst in den Instandsetzungskompanien der Regimenter integrierten Pi-Instandsetzungsgruppen zeigten sich nicht effizient genug dafür. Als das Instandsetzungsbataillon 8 aus bisherigen Divisionswerkstätten gebildet wurde, kam dort ein Pi-Instandsetzungszug und im Stab des IB-8 ein Offizier Pionierinstandsetzung hinzu. Dieser Schritt bewährte sich hervorragend, sowohl für die zentralisierte Instandsetzung als auch für Instandsetzungen am Ausfallort von Pioniertechnik.

Erster Offizier Pionierinstandsetzung wurde Jochen Schmidt, davor Zugführer in der Pionierkompanie des MSR-27 (links).

Unten:
Angehörige des Pi-Instandsetzungszuges unter der Leitung von Fähnrich Heino Stannieder als Instandsetzungszug für das dritte Gasleitungsbaukommando 1983/84.

Taktische Fahrzeugkennung an der Technik des IB-8: Links: Im Rahmen des MB-V die für KFZ, rechts für die Panzertechnik. Eine ältere Kennung im Divisionsrahmen gab es nicht, da das IB-8 damals noch nicht existierte

Taktische Fahrzeugkennung an der Technik des AB-8: Links eine ältere Kennung im Divisionsrahmen. Mitte: Im Rahmen des MB-V die für KFZ, rechts für die Panzertechnik.

Neben dem nur relativ kurze Zeit bestehenden Panzerlehrbataillon 8 besaß bis 1961 in seiner Struktur nur noch das Aufklärungsbataillon 8 einen Pionieroffizier. Dazu gehörten Günter Soth und Dietrich Biewald. Bei einem Treffen ehem. Angehöriger des AB-8 am 29. April 2006: Günter Soth (1. v. r.) und Dietrich Biewald (3. v. r.).

Die 1961 nach Auflösung des AB-8 gebildete Aufklärungskompanie 8 sowie das später neu gebildete AB-8 bekam dann einen Pionierschirrmeister. Diese Dienststellung bekleidete sozusagen von Anfang bis Ende Stabsfeldwebel Walter Hoffmann. (1. von links).

Stabsfeldw. Walter Hoffmann als Fahnenträger des AB-8 in Hagenow.

Einer der kleineren Massenartikel unter den Pionierausrüstungsgegenständen für die Truppenteile und Einheiten: der Feldspaten, der kleine „Universalbagger" des Soldaten! Es gab ihn als Feldspaten mit geradem Blatt (rechts) sowie als Klappspaten (3. Bildreihe)). Er eignete sich insbesondere für kleinere Erdarbeiten wie für das Ausheben einer Schützenmulde oder eines Schützenloches, weniger für größere Erdarbeiten. Der Klappspaten ließ sich auf 90 Grad arretiert als Hacke benutzen. Die Spatenblätter besaßen auch eine scharfe Kante an den Seiten, so dass sie eingeschränkt als „Beil" nutzbar waren. Für manche, so bei den Fernaufklärern, galt sie auch als Waffe, die es zu beherrschen galt. Der Pionierspaten galt als das Schanzgerät sowohl für leichten wie festeren Erdstoff, die Schaufel (Stechschaufel oder gerades Blatt) nahm man besser für lockeren Boden (unten).

FÜR UNSERE ARBEITER-UND-BAUERN-MACHT

kampfsignal

Nr. 12 März 1969

Wie schwer macht sich eine Schützenmulde

Hauptmann Herbert Koch

Der Zug des Genossen Leutnant Keck der 4. MSK des Truppenteils Werner hatte eine Aufgabe zu lösen, die nicht so im Blickpunkt lag, wie zum Beispiel das Gefechtsschießen, die MKE oder die Normüberprüfung in der Schutzausbildung.

Im Gefechtsdienst stand der Bau von Schützenmulden auf dem Inspektionsprogramm. Ich verrate kein Geheimnis. Die Brustwehr besteht aus Sand und Schweiß.

Jeder Tiefbaubrigadier würde sich um solche Männer wie die Soldaten Trautmann, Ullrich, Herrmann, Kottkamp und Burgis reißen. Der Plan wäre mit solchen fleißigen Arbeitern immer gesichert.

Den zwanzig Zentimetern tiefgefrorenen Boden mit dem Feldspaten aufzugraben, bedeutet, einen Kampf gegen sich selbst zu führen.

Der Schweiß brennt im Gesicht und vermischt sich mit dem Sand, der mit jedem Spatenhieb aufspritzt. Die Knöchel schrammen am verharrschten Schnee auf. Der Kampfanzug ist vom Schweiß und Schneematsch getränkt. Unter solchen Bedingungen heißt jeder Spatenschlag: Ich muß — ich will!

Soldat Trautmann ist Lokheizer und im Umgang mit der Schaufel nicht ungeübt. Mit einer Blutblase im Handteller, so groß wie ein Markstück, grub er immer weiter. Um wieviel schwerer muß es dem Soldaten Ullrich gefallen sein. Sein Beruf ist Maler. In der Gefechtspause spreche ich mit den 5 Genossen. Sie sind FDJ-ler und der Soldat Hermann ist Parteimitglied.

Die Parteigruppe der 4. MSK diskutierte in der Vergangenheit genau wie die FDJ-Gruppe Probleme der Vorbildlichkeit ihrer Mitglieder. Diese jungen Soldaten waren sich ihrer Rolle heute bewußt.

Ich bin neugierig und frage: „Was denkt man beim Graben der Schützenmulde? Warum so viel Schweiß für eine Schützenmulde?"

Meine Gesprächspartner gestehen ein: „Beim Graben denkt man nur daran, wieviel Zeit bleibt mir noch. Die Normzeit läuft schnell, wenn der Boden nur nicht so gefroren wäre.

Die Frage, warum ich Schweiß vergieße, ist einfach und schwer zugleich.

Aber Sie gestatten doch eine Gegenfrage, Genosse Hauptmann? Möchten sie ein schlechter Soldat sein? Es gehört doch zur Ehre des Soldaten, seinem Staat gegenüber gewissenhaft zu dienen."

Etwas überschwänglich der Inhalt des Artikels: Eine Schützenmulde ist die kleinste Stellung. Aber auch dafür gab es eine Zeitnorm und diese führte selbstverständlich zum Schwitzen, wenn man sie einhalten wollte. Das Ausheben eines Schützenloches, des Schützengrabens und anderer Stellungen erforderte dann wesentlich größere Anstrengungen, vor der sich mancher wenn es ging, zu „Gunsten" anderer doch gerne drückte.

Pionierspaten und Stechschaufel verloren auch ihre Funktion nicht mit Einführung von Stellungsbautechnik, Klauenbeil und Holzschlägel dagegen schon.

Auch Drahtsperren traten lange Zeit in den Hintergrund. Man führte aber Reserven an Stacheldraht und S-Rollen für Drahtsperren immer mit.

Beliebt, besonders bei den Aufklärern, war verständlicherweise das kleine Schlauchboot SB-0,5 wenn man damit bei der Ausbildung auch mal auf dem Wasserpaddeln konnte.

Neben Taschenlampen mit farbigen Filtern und den erforderlichen Batterien lieferten die Pioniere auch tragbare und mobile Elektroaggregate, vom GAB-0,5 mit 0,5 kW Leistung über GAB 2,0 mit 2,0 kW Leistung, oben in unterschiedlichen Versionen (o. li. Ofw. Riebe mit einem älteren GAB-2) bis zu Anhängegeräten wie dem GAD-20, GAD-40 etc. mit der entsprechenden Leistung. Sie gehörten allerdings nur in ausgewählten Bereichen zur Pionierausrüstung in den Truppenteilen und Einheiten.

Tragbare Wasserfilterstationen wie die WFS-1(rechts) als autonome Möglichkeit zur Trinkwasseraufbereitung mit 30 Litern/h auf Kompanie- und die WFS-3 mit 300 Litern/h auf Bataillonsebene gab es reichlich.

Optische Geräte wie den Grabenspiegel PA, den Richtkreis PAB-2A zur Beobachtung, zum Messen von Entfernungen und Standorten usw. nutzen auch andere Waffengattungen und Dienste wie z. B. die Aufklärer des AB-8.

Die Pioniere bildeten in den Einheiten der Waffengattungen auch „Sprenghelfer" aus, die keine selbstständigen Sprengarbeiten ausführen durften aber auch „Sprengberechtigte Waffengattung", die Sprengarbeiten mit Zündschnurzündung selbstständig durchführen durften und stellten alles materiell sicher. Sprengarbeiten mit elektrischer Zündung blieben dazu berechtigten Pionieren vorbehalten.

Pioniere der 8. MSD nach der Auflösung der NVA

Nach der Auflösung der Nationalen Volksarmee begann mit der Gründung der Pionierkameradschaft Schwerin am 24. 11. 1995 ein wesentlicher Teil organisierter Traditionsarbeit ehemaliger Pioniere sowie Angehöriger von Pioniereinheiten der 8. MSD.

Oben: Die Gründungsmitglieder der Pionierkameradschaft Schwerin.

Fast jeden Monat traf man sich nun zum Stammtisch oder zu unterschiedlichsten anderen Treffen, teils mit, teils ohne Ehepartner. Öfter nahmen auch ehemalige Mitstreiter anderer Waffengattungen, Spezialtruppen und Dienste der 8. MSD die Einladung zur Teilnahme an diesen Maßnahmen an. So entstanden gegenseitige Einladungen und letztlich auch gemeinsame Veranstaltungen.

Nachfolgend einige Ausschnitte aus dem Wirken der Pionierkameradschaft.

Oktober 1996. Besuch der Pionierkameradschaft an alten Wirkungsstätten, dem TÜP Klietz und der Übersetzstelle bei Hohengöhren an der Elbe.

Dezember 1996. Zu Gast bei der Pionierkameradschaft Schleswig, anlässlich ihres traditionellen vorweihnachtlichen Grünkohlessens, untergebracht in der Pionierkaserne auf dem Holm, spät nachts noch bei einer Familie zu Gast.

Absoluter Höhepunkt 2004 für die Pionierkameradschaft: Die Ausrichtung des 7. Zentralen Pioniertreffens vom 11. bis 13. Juni.

Im Namen der Schweriner Pioniere begrüßte Jochen Schmidt alle Teilnehmer auf das herzlichste in Schwerin.

Der ehemalige Chef Pionierwesen der Landstreitkräfte, Generalmajor a. D. Albert Pankau, stellte das Buch über die Pioniere der NVA vor, darin auch einiges über die Pioniere der 8. MSD. Der Verkauf konnte dank pünktlicher Anlieferung sogleich beginnen und übertraf alle Erwartungen.

Der zweite Tag begann mit einer Stadtrundfahrt. Es folgten Stadtrundgang, Schlossbesichtigung und eine Schiffsfahrt auf dem Schweriner See.

Zum gemeinsamen Foto traf man sich auf dem Alten Garten.

Am Abend fand der große Pionierball statt, gewürzt mit allerlei unterhaltsamen Einlagen.

Links: Auch der Vorsitzende des Waffenrings deutscher Pioniere, Oberst a. D. der Bundeswehr E-G. Krohm, ergreift spät das Wort. Er erhält trotz anfänglicher Skepsis dann viel Beifall. Rechts: Neun anwesende 55-er Absolventen beschließen, am 23. 10. 05, auf den Tag genau 50 Jahre nach der Ernennung zum Pionieroffizier, ein Treffen mit den damaligen Absolventen zu organisieren: A. Klaube, Kl. Wagenknecht, K-H. Effenberger, H. Görner, A. Klaus, D. Biewald, E. Grossmann, K. Sievert, H. Frank. Diese aktive Traditionsarbeit ehemaliger Pioniere der 8. MSD setzt sich fort!

Bildquellen

Die Bilder dieser Sammlung stammen vorwiegend aus dem Besitz des Autors sowie weiterer Bildgeber, die mir ihre persönlichen Bilderalben und Einzelbilder für diese Dokumentation zum Scannen im Sinne des Erhaltes von Erinnerungen aus der Dienstzeit bei den Pionieren der 8. Motorisierten Schützendivision überließen. Sie alle finden sich im Inhalt wieder. Ihnen soll an dieser Stelle noch einmal besonders gedankt werden. Ich hoffe damit auch ihren Willen mit dem Niederschreiben dieser Dokumentation zu erfüllen.

Aschendorff, Peter

Appelmann, Manfred †

Bading, Horst †

Baldauf, Werner †

Beltz, Gerhard

Bekter, Peter †

Benn, H-Georg

Burmeister, Hans

Brust, Werner

Dohse, Rüdiger

Fritsche, Stefan

Gloede, Willi

Hammerschmidt, H-Joachim

Hildebrandt, Johannes

Hinz, Rudi

Klaube, H-Joachim †

Kleinfeld, Diethard

Knust, K-Heinz †

Koch, Detlef

Kohtz, H-Joachim

Kuhrts, Werner †

Mädlin, Günther

Normann, Heiko

Paskowsky, Rainer

Peschel, H-Joachim

Philipp, Bernhard

Poblenz, Uwe

Rohmann, Frank

Schmidt, Jochen

Stroede, Ulrich

Thoma, Gerhard †

Treppner, Arno †

Tuchardt, Artur

Unterdörfel, Hans †

Weber, Eduard

† *inzwischen verstorben*

Dietrich Biewald

Geboren im Januar 1935 in der Nähe von Breslau in Niederschlesien.

Vater seit Kriegsbeginn Soldat. Er kehrte nicht mehr aus der Kriegsgefangenschaft zurück.

Mit der Familie, Mutter und vier Kinder, Evakuierung auf Pferdewagen im Januar 1945 in das Riesengebirge, später per Eisenbahn in den sog. Sudetengau. Im Juni 1945 Ausweisung durch die nun tschechischen Behörden. Zu Fuß zurück nach Schlesien. Im November Vertreibung durch die polnischen Behörden. Zu Fuß bis nach Grünberg. Über Umwege 1946 in Sachsen sesshaft.

Nach Abschluss der Grundschule drei Jahre Lehre zum Mühlenbautischler.

1952 Eintritt in die Deutsche Volkspolizei. Drei Jahre Ausbildung an der Pionieroffiziersschule der Kasernierten Volkspolizei zum Pionieroffizier. Danach Pionierzugführer, Kompaniechef einer Pionierkompanie sowie Tätigkeit als Pionieroffizier in Stäben von Bataillon, Regiment und Division. Bis zur Entlassung aus dem aktiven Dienst 1986 mehrere Jahre Leiter Pionierwesen der 8. Mot.-Schützendivision in Schwerin.

Zwischenzeitlich schulische Weiterbildung und unterschiedliche Qualifizierungen, u. a. Direktstudium an einer Ingenieurschule zum Tiefbauingenieur (Dipl. Ing. -FH-) sowie Fernstudium an einer Militärakademie zum Diplom-Militärwissenschaftler.

Von 1986 bis zur Verrentung im Jahr 2000 Tätigkeit im Katastrophenschutz des Bezirkes Schwerin und des Landes Mecklenburg-Vorpommern.

Seit 1969 wohnhaft in Schwerin, verheiratet, zwei Kinder.

Bücher und E-Books von Dietrich Biewald

Pioniere in der 8. Motorisierten Schützendivision der Nationalen Volksarmee der DDR

ISBN Buch: 978-3-95655-612-8
ISBN E-Book: 978-3-95655-587-9

Dietrich Biewald hat mit diesem Buch über die Pioniere in der 8. MSD allen Pionieren dieser Division ein Denkmal gesetzt. Obwohl unter den Bedingungen der Geheimhaltung in der Nationalen Volksarmee nur wenig Material zur Verfügung stand, hat er mit Hilfe der Angehörigen der Pionierkameradschaft umfangreiche Informationen und sehr viele Bilder über Struktur, Umfang, Gliederung und Aufgaben der Pioniere sowie über die Menschen, ohne die das alles nichts gewesen wäre, zusammengetragen.

Pioniere der 8. Mot.-Schützendivision der NVA im Bild

ISBN Buch: 978-3-95655-613-5
ISBN E-Book: 978-3-95655-907-4

Diese Bildersammlung aus dem Dienst der Pioniere in der 8. Motorisierten Schützendivision mit kurzen erläuternden Texten besteht fast nur aus Amateuraufnahmen, die von einer Vielzahl ehemaliger Angehöriger der 8. MSD bereitgestellt wurden. Die fast 900 Abbildungen sind eine interessante Ergänzung zu dem Buch „Pioniere in der 8. Motorisierten Schützendivision der Nationalen Volksarmee der DDR".

Die Entstehung dieses Buches ist den Angehörigen der Pionierkameradschaft Schwerin und vor allem der Initiative ihres Vorsitzenden Jochen Schmidt zu verdanken. So kam es, dass viele fleißig in ihren alten Fotoalben und -sammlungen wühlten, die Bilder auswählten oder ihre Alben komplett zum Scannen für diese Dokumentation zur Verfügung stellten. Ein glücklicher Umstand ist sicherlich auch, dass die Pioniere kaum über besonders geheimzuhaltende Technik verfügten und so beim „Knipsen" übertretene Verbote nicht so streng wie anderswo gewertet wurden.

Jedoch auch ehemalige „Nichtpioniere" steuerten einige ihrer alten Fotografien bei. Die Hauptaufgabe der Pioniere bestand nun einmal in der Pioniersicherstellung der Handlungen der Truppenteile und Einheiten der Division. Viele der vorliegenden Aufnahmen zeigen daher das Zusammenwirken der Pioniere mit den anderen Waffengattungen, Spezialtruppen und Diensten. Darum kann dieser Bildband sicherlich auch Interesse bei den „Ehemaligen" aus all diesen Bereichen wecken.

Episoden aus dem Leben der Pioniere

ISBN Buch: 978-3-95655-614-2
ISBN E-Book: 978-3-95655-603-6

Die Episoden, erst lange Zeit nach ihrem Auftreten aus der Erinnerung ausgegraben und darum nicht als umfassende Tatsachenberichte zu verstehen, sollen daran erinnern, dass bei aller Härte des Dienstes in der NVA und dem Stolz auf das Erreichte der Humor nicht zu kurz kam. Sie sind insbesondere denen gewidmet, die darin angesprochen wurden. Nicht jeder konnte alles beherrschen. Missverständnisse, Unkenntnisse, kleine Schwächen u. a. m. schufen öfter mal Situationen, die zwar nicht zur Normalität des Dienstes gehörten, aber eben menschlich waren. Höhere Dienstgrade waren davon nicht ausgenommen. Mit manchen Dingen mochte man sich auch nicht so recht anfreunden oder gerne vertraut machen. Manches war auch der Entwicklung in der Armee geschuldet. Man sollte ja nicht vergessen, dass in so einen riesigen Organismus regelmäßig in großem Umfang Soldaten kamen, die keine Ahnung von ihren militärischen Aufgaben hatten, aber nach kürzester Zeit ihren Mann in einer Tag und Nacht einsatzbereiten Armee zum Schutz des Landes stehen mussten.

Auch damals sehr ernst genommene Dinge können nun in der fernen Erinnerung zum Schmunzeln verleiten. Satirische Zeichnungen des Autors vervollständigen diese Sammlung.

Inhalt